U0012742

共情力與同理心

葉鴻羽——著

共情力¹與同理心相輔相成。共情力讓我們對他人的處境感同身受,同理心讓我們設身處地為對方考慮,將心比心。與人性中自利的一面相對,共情力與同理心構成了人性中利他的一面,兩者對立統一,才是完整的人性。自利讓我們追求個人欲望的滿足,與他人競爭;利他則促使我們互惠互助,彼此合作,在他人陷入困境時施以援手。沒有自利的驅動力,人類社會就失去了競爭的活力和進步 的源泉;沒有共情力與同理心,人們便無法共處與合作,人類社會便會瓦解,我們就會陷入生存危機。

培養自己的共情力與同理心,是我們每個人人生的必修課。 一個缺失共情力與同理心的人,無法理解他人的情緒、感受、想法、需求,或者雖然能夠理解這些,卻無動於衷。這樣的人無法與人正常交往、和睦相處,更無法與人建立融洽、親密、持久的人際 關係。在他的世界裡,一切以自我為中心,其他人要嘛是自己前進道路上的絆腳石,要嘛是供自己踩踏的墊腳石,是為自己服務的工具。他的人格是不完整的,人性是殘缺的。

人際交往是互惠互助的。缺乏共情力與同理心的人從不

給予他人關愛和支持，又如何能得到他人的關心和理解、支援與幫助呢？他的人生道路必然是坎坷不平、荊棘密佈的，他承受的挫折和打擊也會比常人更多，即便僥倖成功，他也是形單影隻，生活在情感荒蕪的孤島上，表面的成功無法掩蓋其內心深處的孤獨，幸福對他來說遙不可及。

　　沒有共情力和同理心的人會受到身心健康問題的困擾，因為我們的快樂主要來自人與人的交往，來自親密、融洽的人際關係。如果沒有這些，成功的快樂我們就無法與人分享，失敗的痛苦也沒人幫我們分擔，負面情緒積聚在內心，無處宣洩，心理障礙隨之而來，健康問題因之而生，幸福、快樂又從何談起？

　　培養共情力與同理心，為的是讓我們自己體會到生命中更多的美好，我們要從現在做起，從一件件小事做起，從幫助身邊的每個人做起。

1.「共情」（Empathy），或稱為「同理心」，指的是能夠理解並具備對於他人情緒感同身受的能力，衡量這種能力的指標一般稱為共情商數（Empathy Quoient）。

目錄

目錄

第 1 章

「共情力」增強我們的感知能力

共情不只是我們針對他人感受、想法所產生的某種自動情緒的反應，它更可促使我們有所行動。

再者，不侷限於理解和分享，共情可以推展行動，讓我們在理解他人感受、想法的基礎上有所作為，因為若未採取行動，就不能算是真正的共情。

：田 Joe 在 Pixabay 上發佈

共情是天賦，也是能力

真正的共情，是以行動做為導向的……

達爾文在他的著作《紀錄與評論》（JournalandRemarks）中記錄了他觀察到的一個有趣的現象。達爾文注意到，龐大的羊群往往只有一、兩條牧羊犬看守，而且距離房屋或牧民們都有數公里之遠……。達爾文對牧羊犬看守羊群的能力十分驚訝，他甚至發現牧羊犬儘管是狗，卻能與羊群建立非常深厚的友誼。

後來，達爾文觀察到牧民在養育牧羊犬時，習慣在牠們還很小時就與母狗分開，然後找一隻羊，讓小狗每天都在牧民的帶領下吸吮三至四次羊奶，牧民還會在羊圈裡搭建一個羊毛小窩讓小狗們居住。待小狗成年後，牧民會將小狗閹割。這樣一來，小狗長大後就不會對同類有認同感，反而會將羊群視為自己的同類，一旦有人接近羊群，牧羊犬就會立刻沖

共情力與同理心

上前去，盡力保護羊群。而牧羊犬更會在傍晚時分，將羊群準時帶回羊圈。

身為一條狗，牧羊犬總會遭受其他狗群的欺負，即使是家裡最小的狗，也會蠻橫地追趕牧羊犬。每當這時，牧羊犬就會立刻跑到羊群身邊，只要有羊群作為後盾，牧羊犬就不會再害怕，它會由逃跑轉變成攻擊，開始衝著家犬吠叫。神奇的是，原先十分蠻橫的家犬此時會立刻放棄追趕，掉頭就跑。據牧民表示說，不只是家犬，就算是一群野狗，即使再饑餓也不會去招惹牧羊犬，更不會對守護羊群的牧羊犬發起攻擊。

這與狗的集群本能密切相關。

人類馴養了許多動物，在人類所馴的動物中，狗無疑是最特別的，因為牠能與人類產生情感上的共鳴，會將人視為其同類社會的一分子。狗本是由狼馴化而來，狼和人一樣都是群居動物，有著集群的本能。凡是有集群本能的動物，都會對一個群體產生敬畏的感情。

當牧羊犬被家犬追擊時，它跑回羊群身邊，就會覺得自己獲得了羊群的支持，於是就有勇氣和家犬對抗；而對於家犬來說，牠會將狗和羊群視為一個整體，從而出現某種認知上的混亂，覺得自己面對的是一群狗，而自己勢單力薄，應該立刻離開。

野狗也會產生這樣的心理，儘管牠明白羊不是狗，但看到牧羊犬領頭的羊群時，野狗也會在某種程度上認同這是一個由狗組成的群體，自己根本不是對手。

　　集群動物都有一種感知同類的能力，例如人類，擁有理解他人情緒和需求的能力，這種能力被稱為「共情」。

不只人類，動植物也能共情互動

　　共情力是一種非常重要的能力，它能讓我們識別他人想法和感受。正因為我們能理解他人內心感受，我們才能組成社會。我們每個人都是共情者，共情是我們與生俱來的天賦，也是我們不可或缺的能力。

　　除了人類外，動物也有共情。

　　牧民在養育牧羊犬時就運用了狗的共情能力。對於一條狗而言，牠會將主人或同類視為共情對象，但牠的共情物件並非打從一出生起就固定不變的，這是可以透過某種飼養方式進行重塑。例如在牧羊犬成長的過程中，因為牠所接觸到的只有羊群，所以牠會將共情對象轉移到羊群身上。牠的自我認同是：自己是羊，而非狗，牠能從羊群身上找到群體需求的一種滿足感。

共情力與同理心

牧羊犬能與羊群產生共情，因此牠才會去保護羊群，而羊群也會為牧羊犬提供安全感，每當牧羊犬與羊群待在一起時，牧羊犬就會產生安全感，牠就會有勇氣抵禦家犬、野狗之類的外敵入侵。這份勇氣不僅保護了牧羊犬，同時也保護了羊群。

　　對於群體動物來說，共情是十分重要的能力，我們的感知能力因共情力而擴大，我們因此能夠感覺到另一個人的感受和想法，這有助於活絡我們的人際關係。共情力是給予群體動物的一項進化的天賦，我們生來就在運用共情力與周圍環境建立聯繫，如果沒有共情力，我們就無法形成群體，遑論合作。

　　雖說共情力是天賦，但它也是一項需要透過後天學習方可掌握的能力。因為我們的共情力會受到環境影響，一個人只有處於一個相互信任、安全的環境中時，他的共情力才會發揮作用，否則他會長期被憤怒和恐懼支配，活似生活在一座孤島上，只會感受到越來越多的痛苦襲來……。

　　而當一個人身處不安全的環境中，他是很難對他人產生共情的，因為他會專注於自己的痛苦上，而這樣只會讓他更加孤獨和痛苦。只有與他人建立聯繫，在相互理解的基礎上與對方共情，我們才能擴大自己的感知能力。一旦有了共情，我們所感受到的憤怒、恐懼等負面情緒就會消失，我們會因

共情而重拾安全感，就像被家犬追擊的牧羊犬一樣，待回到羊群後，便會立即萌生對抗外敵威脅的勇氣。

社會群體關係對人類來說十分重要，人類在長期進化的過程中形成一個又一個部落，部落與部落之間往往存在著敵對關係，例如為爭奪生存資源而發生衝突，這意味著我們的共情力會因為社會群體關係的不同而發生改變，也就是說，**共情其實有分彼此，我們對「自己人」會產生更強烈的共情。**

以下這個實驗可以充分證明這個結論。

實驗中，當中國人看到某個中國人挨打時，他的腦區活動會更趨顯著，反觀看到白種人被打時，就沒那麼明顯的腦區活動；而當白種人看到白種人被打時，他的腦區活動也會更顯著，這與看到中國人被打時，明顯不同。這說明了**人類的共情力實有「種族」之分，一個人通常會對同文同種的人產生更強烈的共情。**

共情不是同情，獲得共鳴是關鍵

我們常會混淆了「共情」與「同情」這二個名詞，這兩個名詞雖只有一字之差並且都在傳達愛，但意思卻大相徑庭。因為**同情的本質是「憐憫」**，當我們看到某個人遭遇不幸，同情心就會出現，這是一種不對等的情感，被同情者不

會感受到尊重，雙方也不會產生真正的情感共鳴，因為兩者在地位上不對等。這種不對等地位會使被同情者處於一種十分尷尬的境地，被同情者不得不矮化自己，自尊心常會因此受傷。例如一個自尊心強且敏感的人，最討厭的就是別人的同情，當別人因為同情而向他伸出援手時，他反而會感到惱怒。總之，同情不僅不利於建立真正平等的關係，還會阻擾雙方建立和諧的關係。

而共情建立在「理解」的基礎上，或說共情始於理解。當我們設身處地從另一個人的角度去看待周遭的一切時，我們就能做到理解他人感受或想法，整個情感就會被啟動，進而開始準備行動，想要把對他人的理解之情展現出來，這就是幫助他人的動力。

但這並不意味著共情就是理解。因為除了理解以外，共情還需要加入分享，這是非常關鍵的一點。如果我們只理解卻無法分享某個人的感受，那麼我們也無法與他產生共情。理解他人感受意味著我們只知道對方為什麼會出現這樣的情緒？而我們若還能分享他的感受，那麼我們就會和對方產生情緒上的共鳴，感覺到對方的情緒。

其實，分享比理解多了一層感受。例如當我們看到一個人受傷時會不忍直視，這是共情力的作用，因為我們感同身受，不僅理解對方的疼痛，甚至還分享了這份傷痛感，因此

我們不願意看也不願接受，因為我們感覺到了對方的痛苦。

　　科學家為了證明動物和人類一樣也擁有共情力，所以在白老鼠身上做了一項實驗。在實驗中，一隻白老鼠被關在小玻璃管中，另一隻白老鼠則在玻璃管外，當這隻白老鼠看到有同類被困在玻璃管內時，牠會不停地圍繞著玻璃管徘徊，似乎在想辦法要救出被困住的同類。相反地，如果實驗者在小玻璃管中塞進一團棉花，這隻白老鼠反而變得無動於衷……。

　　在解救被關在玻璃管中的白老鼠時，這隻白老鼠會反覆努力地試圖打開玻璃管，而第一次的解救行動花了牠蠻長的時間。但是，當牠找到打開玻璃管的方法後，牠很快就能將另一隻白老鼠救出來。而這種利他行為與人類的社交行徑十分相似，當我們看到有人陷入困境，我們也會盡力幫助對方。這種助人為樂的傾向，正好取決於我們的共情能力。

　　共情不僅僅是我們對他人感受、想法所產生的自動情緒反應，還能促使我們有所行動。在上述實驗中，玻璃管外的白老鼠對於被困在管內的白老鼠產生共情，牠似乎能感受到同類被困住的痛苦、恐懼。共情使得白老鼠充分理解彼此，產生想要幫助對方擺脫困境的動力。

　　此外，共情不僅是止於理解和分享，還會發展出行動，我們會在理解他人感受、想法的基礎上採取行動，畢竟若無

法採取行動，就不能算是眞正的共情。總之，**眞正的共情是以「行動」〉作爲導向的。**

幫助他人，讓自己更快樂

強化共情力有助於提升生活品質，增加幸福感。

亞利桑那州立大學（Arizona State University，ASU）心理學家羅伯特・恰爾蒂尼（Robert Cialdini）在研究時發現，測試者若能頻繁地幫助他人，他將會因此產生一種滿足感，這種良好的感覺類似於快樂，可以降低被測試的壓力荷爾蒙，增進心血管健康並鞏固免疫系統。測試者在之後的很長一段時期內都會處於一種寧靜的狀態，他的身體會釋放出「內啡肽」1，這是一種存在於人體內的天然止痛藥，不只能使人們在心理上產生愉悅感，還有利於身體健康。

羅伯特根據這種現象提出了「助人快感」（helper's high）一詞，專門來形容助人帶給人的愉悅感。一個人如果長期處於孤立和自私的狀態，不願意爲他人提供幫助，那麼他就無法體驗到助人快感，反而會被焦慮和壓力困擾。

共情力與同理心

從表面字義上來看，幫助他人是在為別人提供便利，但**事實上幫助他人是一個「雙贏」的過程，不僅有利於他人，還會給自己帶來愉悅感。**一個經常幫助他人的人，他的身體會釋放出更多的內啡 ，讓他更加健康、幸福且長壽。為他人提供幫助還有助於我們提升共情力，如果一個人長期處於戒備、焦慮和壓力之中，他的共情力就會降低，也就意識不到應當適時給予他人幫助，因為他始終只願意關注自身的負面情緒。

伸出援手不只是美德，更是自我救贖

在電影《艾蜜莉的異想世界》（法語 *Le Fabuleux Destin d'Amélie Poulain*）中，女主角艾蜜莉是個性格內向的女孩，她在一家咖啡館裡當女服務生，日子過得平淡無奇。平時，艾蜜莉常常獨自一人待著，她總會將手插進一大袋豆子裡，用湯匙敲破烤布蕾的表皮，甚至喜歡收集石頭並且用它們來打水漂，也會獨自一人在巴黎市區裡四處遛達……。在咖啡店工作時，艾蜜莉除了規規矩矩地做好自己的事情外，還喜歡觀察周遭環境，例如咖啡店外的水果攤老闆……。

就這樣，艾蜜莉平淡無奇的生活被一個鐵盒子打破，艾蜜莉當時正在看新聞，聽到收音機裡傳來戴安娜王妃因車禍去世的消息，手裡的粉餅蓋子瞬間掉在地上並且正好撞在牆

壁的一塊瓷磚上，艾蜜莉因此發現了藏在牆壁裡的鐵盒子。這個鐵盒子的外觀鏽跡斑斑，顯然年代久遠，艾蜜莉打開盒子後發現了許多環法大賽冠軍的照片，還有一些賽車模型。艾蜜莉覺得這一定是某個小男孩的心愛之物，她突然冒出一個想法：鐵盒子的主人如果看到自己的童年珍藏會有什麼樣的反應，是會高興、失望還是憂傷？

艾蜜莉頓時萌生了尋找鐵盒子主人的衝動。

就在艾蜜莉的努力下，她找到了鐵盒子的主人，並悄悄地將鐵盒子還給他。當在一旁看到鐵盒主人激動的樣子，艾蜜莉感到十分快樂。在這件事情中，艾蜜莉沒有獲得任何實質性的好處，甚至連對方的一聲謝謝也沒得到，但艾蜜莉獲得了助人快感，她因為幫助人得到了內啡肽這一個天然的人體止痛劑。因此她決定繼續幫助陌生人，一邊將愛意和善意傳達給更多的人，進而獲得快樂。

一個人如果只關注自己的事情，他自然可以像艾蜜莉一樣過著平淡無奇的生活，可一旦當他遭遇挫折，整個人陷入焦慮和壓力之中時，他的生活就會變得十分糟糕，而共情力這時便能派上用場，幫助他擺脫這種糟糕的精神狀態。

艾蜜莉是個性格內向的女孩，與其他性格內向的人一樣，這群人多半喜歡獨自一個人生活，不喜歡與他人交往，但這並不意味著他們不需要共情力。他們和其他所有人一樣

共情力與同理心

都需要通過共情力來與他人建立聯繫，而非只關注自己的事情。就像艾蜜莉便是透過共情和給予的方式，讓自己的生活變得更加多采多姿，而在默默幫助他人時，艾蜜莉依舊是那個性格內向的女孩，但她已和過去大不相同了，她成為一個快樂的人。

艾蜜莉在扶著盲人過馬路時會邊走邊向他講述街上發生的一切，看到盲人很高興，艾蜜莉也很快樂。在艾蜜莉的撮合下，一對自怨自艾的單身男女也變成了男女朋友，看到他們開心的模樣，艾蜜莉似乎也品嘗到愛情的甜蜜。

艾蜜莉的鄰居是個患有軟骨症的老人，她覺得老人獨自一人生活很枯燥，想要幫助老人瞭解外面精彩的世界，於是她開始堅持為老人錄節目。

某天，艾蜜莉突然想到自己的父親。艾蜜莉的父親是個刻板、枯燥的人，他在艾蜜莉的母親去世後一直鬱鬱寡歡，艾蜜莉在長大成人後就逃離了那個家，因為父親讓她感到窒息。現在她決定去幫助自己孤僻的父親，讓父親能夠快樂地度過餘生。艾蜜莉知道父親是個生性頑固的老頭子，如果自己強制要他離開家，父親一定會拒絕。所以艾蜜莉想到一個好辦法，她偷偷拿走父親擺在母親墓前的小木偶，並且拜託一個經常在外地旅行的朋友，請他帶著小木偶去旅遊並拍照留念，然後再將照片寄給父親……。

父親收到照片的第一個反應是吃驚，然後開始思索，最後終於醒悟，決心拿起行李箱走出家門，開始接觸外界的生活，擺脫了抑鬱。

後來，艾蜜莉也找到了屬於自己的幸福，因為她注意到某位和自己很相似的男子尼諾。她默默關注著尼諾，瞭解了許多和尼諾有關的事情，也更加確定尼諾就是那個能和自己攜手一生的人。在其他人的撮合下，艾蜜莉和尼諾有情人終成眷屬。

願意為他人服務，讓身心靈都健康

其實，艾蜜莉生來具備很好的共情力，否則她不會在意外發現鐵盒子時，立刻感受到鐵盒子主人對這些收藏品的熱愛。她的共情力告訴她，當鐵盒子的主人看到這些童年的珍藏品時肯定會十分感動。她似乎已感受到鐵盒子主人的激動情緒，因此才會幾經波折地尋找鐵盒子的主人。

這件事不僅觸動了鐵盒子的主人，更是觸動了艾蜜莉。在此之前，艾蜜莉一直是獨自一人生活，她從小就喜歡嘗試各種有趣的事物，例如拿著相機拍天上的雲朵。她不停地為自己的生活找尋樂趣，但這種快樂遠不及幫助他人所能得到的。艾蜜莉在幫助他人時使用了共情力，共情力讓艾蜜莉敏

銳地捕捉到他人需求，當她看到盲人要過馬路時，會立即想到盲人需要幫助，甚至還會聯想到盲人渴望透過他人的描述來瞭解周遭正在發生的一切。

而艾蜜莉在幫助他人的過程中，漸漸提升了自己的共情能力。隨著感知能力的不斷提升，她開始對更多的人事物產生共情，例如她的父親。由於父親的刻板和鬱鬱寡歡，艾蜜莉與父親之間的關係十分糟糕，每當和父親接觸時，艾蜜莉都會變得很緊張，她從未想過要去和父親修復關係。但隨著她個人共情力的提高，讓艾蜜莉意識到父親也只是一個孤獨的老人，需要他人關心，需要接觸外界。於是，艾蜜莉決定幫助父親。

曾有研究顯示，一個人如果在生命早期就熱心地給他人提供幫助，他將會更容易獲得快樂，在成年後更容易與他人產生共情，並且可讓自己的身心始終保持健康。因為我們在幫助他人時，也快樂了自己。一個人如果自願付出一定的時間和精力去幫助其他有需要的人，他就會從中得到助人快感。

艾蜜莉在幫助他人的過程中，為自己的生活增添了許多意義和目標。例如當艾蜜莉去尋找鐵盒子的主人時，她就為自己設定了一個目標，這個目標具有一定的意義，對於艾蜜莉來說，她不必再自言自語打發時間，而是一下班就去尋找

線索。當艾蜜莉成功地讓鐵盒子物歸原主之後，她的自我價值感因此獲得提升，這是一種令人非常愉悅的感受，可以減輕人們的焦慮和不安全感。調查顯示，一個總是習慣為他人提供幫助的人，他的健康狀況通常會更好，更不容易被病痛折磨。

作為個體，人是一種很脆弱的動物，因此我們的祖先才會選擇群體生活。畢竟「群居」有利於生存，但若要適應群體生活，那麼每個個體就必須學會合作，而合作的前提就是共情和利他心理。在長期的進化過程中，共情和利他主義心理就會逐漸成為我們的本能。在當今社會由於種種便利，一個人完全可以脫離他人生活，但這種脫離只能存在於物質層面上，絕對不能拓展到心理層面，否則這個人就會漸漸出現許多心理問題。

如果一個人毫不在意自己的共情和利他的心理需求，不按照生物規律來生活，只在意自己的幸福和利益，那他就會被各種心理問題困擾，在長期的壓力和焦慮下，身體健康自然會受到影響。相反的，如果我們主動幫助他人，我們就會體驗到助人快感，幫助他人的同時也快樂了自己。而我們在主動幫助他人時，也在不斷提高自己的共情力，共情力的提高有助於我們提升自己的生活品質，並增強幸福感。

---

1. 亦稱腦內啡、腦內嗎啡或安多酚（endorphin）。

共情力與同理心

共情力讓愛更長久

共情能讓雙方產生患難與共、親密無間的特殊感受。

　　慧慧與男友從大學時代便相識相愛，從大學畢業後兩人便著手準備考研究所，計畫待畢業後再一起跨入社會找工作，兩人甚至已經規劃未來將攜手度過人生中最美好的十年……。在慧慧看來，男友就是她的人生伴侶，是要攜手共度一生的人，兩人未來註定要一起步入婚姻殿堂的。但自從開始工作後，慧慧發現自己與男友之間的矛盾越來越多，就像朋友們常說的那樣—相愛容易相處難，兩人之間的矛盾，開始慢慢浮現。

　　慧慧想讓男友跟過去一樣陪伴自己，可是男友每天都在忙於工作，早出晚歸，給他發訊息他也經常已讀不回。有一次，慧慧終於忍不住提醒男友，希望他多陪陪自己，甚至說出了「難道工作比我還重要嗎？」的心聲。

男友聽完則解釋說，他是在為兩個人的未來努力賺錢，想要給她更好的生活。而慧慧這種不理解自己的樣子讓男友覺得非常委屈和不滿，他覺得自己在公司已經夠辛苦了，沒想到回家還得受氣。可是慧慧這邊也還是很不滿，因為她只想要男友陪伴，而不是錢……。

　　就這樣，慧慧與男友之間的隔閡越來越深，兩人經常爭吵，脾氣也變得越來越暴躁，他們都覺得對方不理解自己，心裡充滿憤怒和不滿，生活中只要稍有不順心就會大發雷霆，雙方都感到很痛苦。

　　慧慧始終不明白，自己與男友相戀多年，昔日那麼多困難都挺過來了，這明明是一段歷盡千辛萬苦才修來正果的愛情，為什麼現在卻漸漸變得面目全非？

　　慧慧總覺得時間是消耗他們感情的兇手，而事實上她不明白的是，消耗雙方感情的元凶其實是沒有共情的愛。在一段親密關係中必然存在著愛，但愛並不見得包含共情，許多情侶會像慧慧和她男友一樣，明明相愛卻又因為缺乏共情，導致雙方永遠無法理解彼此。

　　而這種模式會導致愛情無法長久，即使慧慧認定男友是她的靈魂伴侶，但因為兩人之間缺乏共情，分手也是遲早的事情。

共情力與同理心

別只表達不滿，更要重視並滿足對方

在一段關係中，尤其是親密關係裡，兩人無法共情會成為消耗感情的殺手。隨著時間的流逝，雙方會漸漸暴露出真實的自我以及自己的需求，希望能得到對方的理解，希望對方能滿足自己的某種心理需求。從上述例子中即可發現，慧慧希望男友能像以前那樣陪伴自己，而男友則希望努力工作來為兩人掙得一個更加美好的未來。但是當對方無法滿足自己時，各種不滿的情緒就會出現，而溝通在這時便會變得十分關鍵，他們會表達自己的不滿及需求，期待對方能重視並滿足自己。

其實共情在溝通中更顯重要，它是促進有效溝通的關鍵。如果沒有共情，雙方各自帶著不滿的情緒溝通，只會讓問題變得更加嚴重，演變到最後會變成發洩不滿的爭吵。所謂「良言一句三冬暖，惡語傷人六月寒」，這句話充分顯示了溝通作用的積極和消極面。積極的溝通會讓人覺得溫暖，有助於關係的深入；消極的溝通卻猶如殺人於無形的利器，會讓關係變得更糟。

作為一種高級動物，人類最獨特的地方在於意識到自己與其他動物的不同，我們有意識，能感受到自己的存在，感受到自己正在思考和感覺著。除了擁有意識之外，人的共情

力也令人驚歎。共情力意味著我們不僅能感受到自己的存在，還能感受到其他人的存在，並在理解對方的基礎上進行互動，分享並理解對方的想法。如果沒有共情，那麼人際關係將無法展開。

當我們處於壓力或負面情緒中，我們的共情力就會消失，會將所有的注意力集中在自我感受上，並對他人的想法和感覺毫無覺察，這使得我們很容易陷入憤怒、哀傷和嫉妒等負面情緒中。如果帶著這些情緒去溝通，自然會忍不住爭吵，甚至採取暴力手段。在上述實例中可看出，不論慧慧還是她的男友，雙方都覺得委屈，都覺得錯在對方，在共情力消失的情況下，即使他們再相愛，溝通也會變成爭吵。

這個時候，美好的那一面將不復存在，雙方只會覺得對方面目可憎，甚至不惜口出惡言去傷害對方。這會導致雙方關係惡化，甚至陷入對立的狀態，視對方為敵人，不願去理解對方，而是滿腦子都在想：「他（她）錯了！為什麼要這麼對我！」

當男友忙於工作而疏於陪伴自己，慧慧會因為沒有得到男友的陪伴而產生失落感，這種情緒一點一點地累積，迫使慧慧更難與男友產生共情。終於到了那一天，慧慧向男友表達了自己的不滿，而男友這時若能理解她並妥善安撫慧慧的情緒，並將自己的真實想法告訴慧慧，讓慧慧也能理解自己

的苦心，兩人的關係就可以更進一步。但實際上，男友並未這麼做，他和慧慧一樣只考慮到自己的感受，他認為自己每天工作很辛苦，慧慧應該理解他。於是，慧慧的不滿變成憤怒，她開始向男友發洩憤怒已久情緒，導致雙方的溝通更難進行下去。

自己的情緒自己管，別奢望無理的期待

在溝通中，如果一方或雙方都帶著情緒，且不願意感受和接納對方的情緒，那麼情緒發洩就會成為表達訴求的一種手段，人與人之間的邊界就會變得很模糊，人們會被對方的情緒影響，導致彼此無法分辨哪些情緒是自己的，哪些情緒是受到了對方的影響。因此，想要用共情修補彼此已經破裂的關係，我們就必須學會管理自己的情緒，要做到自己的情緒自己負責，不要將掌控和處理自己情緒的權力扔給對方。就像慧慧一心只希望男友能為自己的情緒負責，但男友根本沒工夫去理會她的情緒，於是，慧慧頓時就爆發了……。

管理情緒是自己的事，我們一定要對此有所體悟，這在人際關係中十分重要。承認自己被某種情緒困擾，這就意味著我們邁出了管理情緒的第一步。慧慧經常將自己的情緒扔給男友，並且希望對方能夠安撫自己。昔日在校念書時，男友或許有很多時間和精力能夠照顧慧慧的情緒，但隨著工作

越來越忙碌，他無力再爲慧慧的情緒負責。這讓慧慧覺得很失落，而她恰巧又用一種不適當的方式發洩出來，例如在溝通中表達自己的憤怒。讓對方爲自己的情緒負責任的本身，其實就是一個不合理的期待。我們應該努力讓自己冷靜下來，正視自己的負面情緒，試著理性溝通，清楚表達訴求，而非帶著情緒去表達訴求。因爲負面情緒只會轉變成爲一種發洩，迫使溝通的局面變得更糟。

當我們不再被情緒困擾時，我們才能與對方產生共情，學著在溝通中去理解對方，並且感受、接納對方的情緒。在一段正常關係中，雙方的共情體驗十分重要，我們都需要眞正感受和體會對方的情緒，瞭解對方的內心需求，也需要對方能夠理解自己，感受到自己言行背後所隱藏的情緒。在共情力的幫助下，雙方能夠及時地給予對方回饋，這樣兩人才能走得更長遠。例如慧慧與男友之間的爭吵，在沒有共情的情況下，他們只能看到自身需求和感受，若雙方能運用共情力，學著將自我擴大，用心感受對方情緒，彼此若都能做到這一點，那麼雙方關係不僅不會破裂，反而會更進一步，因爲他們會感受到自己被對方接納。

共情能夠促進彼此相互理解，能使原本緊張的關係變得更加親密。共情存在於各種關係中，例如普通的同事關係、親密無間的情侶關係等皆是。不論是哪種關係，都由一個個

共情力與同理心

獨立的個體組成，只是個體與個體之間的距離不同，像普通的同事關係，個體與個體之間的距離較遠；若像情侶關係，雙方之間的距離則較近。但不論距離遠近，我們都需要通過共情這座橋樑去建立一段關係。在共情力的指引下，我們不再只關注自己的需求，還會擴展自己所關注的範圍，透過自我擴展，我們能理解他人並產生例如包容、感恩等社會性情緒，而這些社會性情緒能讓我們感覺自己的人生更有意義。

慧慧若能理解男友工作很忙，即便希望男友多陪伴自己，也不該用質問的語氣和男友溝通，若能改以陳述的方式表達訴求：「我希望你能多陪陪我，我是你最親密的人。」這種溝通方式肯定要比質問更容易讓男友接受。反觀慧慧若說：「難道我還沒有工作重要？」這樣的質問只會讓男友心聲不滿，覺得慧慧無法理解自己。

你要去理解對方，而非責怪對方不懂你

一個人感到自己是否被理解，這是兩種截然不同的心態。當我們感覺到自己被理解，尤其是被親密之人理解時，我們就會充滿力量，覺得備受激勵，這會促使雙方關係更緊密。在修復一段破裂的關係時，我們必須調整並啟動自己的共情力，深刻理解對方，請相信這將能讓這段關係發生重大轉變。

而慧慧所面臨的是許多情侶都存在的問題，關鍵點就是
「你為什麼不懂我的心？」這是因為他們都站在各自的立場
去解決問題。在一段關係中，每個個體都有屬於自己的獨特
經歷和性格，個體之間的差別勢必導致出現分歧。若想要跨
越這些分歧，最好的方式就是運用共情，以共情為彼此聯繫
的橋樑。

　　每對情侶都相信兩人是相愛的，兩人之間也一定存在著
愛，否則他們不會成為情侶。在熱戀時，他們也都深信對方
是自己的靈魂伴侶，一定能夠攜手過一生。那為什麼依舊有
這麼多情侶最後分道揚鑣了呢？其實無法建立真正互惠的親
密關係，才是兩人分手的主因。

　　一段親密關係想要長久，那就必須建立在真正互惠的基
礎上，也就是說，彼此之間是相互理解的，他們能從對方的
理解中獲得激勵與活力。對於每對感情出現裂痕的情侶來
說，共情是最快速且有效的修復方式。無法做到相互共情，
彼此之間就很難相互理解，雙方都只會關注自己的需求和感
受，反而滋生許多負面情緒，並在表達委屈時一股腦地拋給
對方，試圖將自己放在受害者的位置上去指責對方，認為對
方傷害自己。

　　但相對來說，對方也覺得自己是受害者，沒有得到理解，
不是嗎？從這個例子中能看到，慧慧不理解男友，男友也不

共情力與同理心

理解慧慧，兩人都只希望對方能夠讓步，而在這場拉鋸戰中，受傷害的只能是這段維持了十年的愛情。最終，慧慧和男友很可能會感到筋疲力盡，進而選擇分手。

如果你正在猶豫著是否結束一段親密關係，那麼我勸你何不試著用共情進行彌補，你將發現共情的神奇力量，除了能讓這段瀕臨破裂的關係重新煥發活力，並可讓愛更加長久。你和對方必須學會真正相互理解，在溝通時務必要理解對方。畢竟有了理解，你們就會重新體驗到溫暖又充滿愛的感覺。

除了修復關係外，共情力還有助於我們維持一段關係。共情不會損耗我們的心力，反而會讓我們充滿力量，有了共情，我們就會產生患難與共、親密無間的特殊感受。

善用共情力去理解他人心思

讓對方卸下心防，透過溝通建立共情。

在電影《我知女人心》中，劉德華飾演的男主角孫子剛在一家廣告公司工作，是一名標準的沙文主義者。而鞏俐飾演的女主角李儀龍則是一名在廣告設計上擁有高度創意與敏銳感的人，她被公司總經理高薪聘請來擔任執行創意總監一職。而剛好創意總監這個職位也一直是孫子剛的目標，他本以為自己爭取這個職務猶如探囊取物那般容易，豈知李儀龍的到來讓他的如意算盤整個落空……。起初，孫子剛想要使些手段讓李儀龍主動離職，哪知李儀龍一次又一次地化解了這些障礙，這讓孫子剛在甘拜下風的同時，心裡又十分惱火。

直到發生一次意外事故，導致孫子剛突然發現自己好像獲得了一項特異功能—他能聽到女人的心聲。只要一個女人出現在孫子剛面前，她的心聲就會在孫子剛耳邊響起……，

共情力與同理心

這樣一來，讓李儀龍在孫子剛面前就如同一個透明人般，而這項特異功能也給孫子剛帶來許多煩惱，他覺得這簡直就是一場惡夢：他發現自己活了這麼多年，壓根就不瞭解女人；他甚至能聽到李儀龍對幸福生活的渴望；能聽到咖啡店女服務生在遭遇愛情時的慌張與興奮；甚至聽到女兒對待感情問題時的天真心理……。

漸漸地，孫子剛習慣這項特異功能且不再苦惱，因為他發現這能帶給他許多好處，他開始利用這個意外得來的本事，得到許多女人的芳心，從咖啡店的漂亮女服務生再到競爭對手李儀龍，每個人都對孫子剛動了心，在她們看來，孫子剛就是一個英俊多金且幽默浪漫的男人，而且對女人百般體貼，十分懂得女人的心思。

同時，孫子剛也在利用這項特異功能對付李儀龍，例如他偷竊了李儀龍的廣告創意，並在公司裡處處為難、排擠她……。不過隨著和李儀龍的相處，孫子剛探聽到了李儀龍更多的心事，他發現李儀龍其實是個聰慧、善良的女人，他逐漸改變了對李儀龍的看法，不再那麼討厭她。

反觀電影中的另一個男性角色秦奮，其實與孫子剛一樣，幽默且多金，但他的女人緣卻遠不如孫子剛，他費盡心思去追求一個失戀的空姐，卻怎樣都無法成功。原因即在於秦奮沒有像孫子剛一樣，能夠聽到女人心聲的特異功能。而

孫子剛的這項特異功能與讀心術十分相似，只是他的讀心術只針對女人。很多人都希望自己能夠擁有像孫子剛那樣的讀心術，能夠聽到別人內心的聲音，而非只能揣測。可現實生活中根本沒有讀心術，我們若想要看透一個人的內心，判斷對方真正的意圖，只能學著與對方建立共情。

透過溝通獲得指引，共情讓雙方互相理解

想要讀懂一個人的心思，雙方就必須進行溝通。在溝通的過程中，除了透過語言解釋之外，肢體語言也很重要。我們會通過語言來表達想法和感受，但語言具有迷惑性，畢竟人是會撒謊的動物。因此，肢體語言的重要性就因此被更加凸顯，畢竟與語言相比，肢體往往更誠實。而既然如此，那這是否意味著我們應該接受一定的訓練，從而掌握對方一舉一動背後的含義？

在心理學中，的確存在一門專門研究人的想法與行為的科學，其中就包括 研究人的肢體語言，畢竟在與人的溝通交往中，說話只是交流的一部分，肢體語言的表達也很重要。可是對於我們普通人來說，似乎並沒有必要得去接受專業訓練，因為在我們成長的過程中，我們早已被潛移默化地掌握了一定的技能，只是這種技能往往只存在於感覺中，例如我們在與人相處的過程中，除了聆聽對方說話，還會仔細關注

共情力與同理心

對方的面部表情和肢體動作。

共情就是站在對方的角度去理解他的意圖。

在美國情境喜劇《宅男行不行》（*The Big Bang Theory,TBBT*）中，拉傑什在向朋友們介紹自己新交的女友時，朋友們一一和拉傑什的女友打招呼。而到佩妮時，雖然雙方都表現得很熱情，但佩妮卻能從對方的面部表情和肢體動作中感受到對方不喜歡自己。

後來佩妮瞭解到，拉傑什的女友之所以不喜歡自己，是因為拉傑什告訴她自己曾和他陰差陽錯有過一夜情，這讓拉傑什的女友心懷芥蒂。儘管女友向拉傑什保證自己根本不在意這些，她在和佩妮第一次見面時也表現得很熱情，但佩妮卻能敏銳地感覺到對方不喜歡自己。

不必經過專業的訓練，我們也能敏銳地感受到對方肢體語言所表達的資訊，但前提是我們使用了共情力。共情力能讓使我們走出自我，試著關注他人，當我們將關注點放在他人身上時，自然會密切關注對方的肢體語言，從而進行評估，達到讀懂他人心思的目的。

如果不使用共情力，我們的關注點就只會停留在自己身上，溝通時毫不在意對方說了什麼，也不願與對方進行互動，甚至連眼神交流都不會有，我們會只顧自己地表達，毫不在

乎他人，也不願意去讀懂對方的心思，這樣自然無法充分感受並讀懂對方的表情和肢體語言，也就難以建立良好的人際關係。

打開心房是溝通過程中非常重要的環節，可是想要做到卻很困難，畢竟每個人都有顧慮，很難將真實的自我暴露在別人面前。我們如果想讓某個人打開心門，那就必須與他產生共情，讓對方覺得你理解他。在對方感覺到你理解他的那一瞬間，他的心防就會放下，自然願意打開心門和你進行深入溝通，說出心裡最真實的感受。

共情在溝通中能達到指引的作用，指引我們去理解對方，達到相互理解，一旦有了理解作為前提，我們就不會再被情緒影響，而是能平靜地將自己的內心展現在對方面前，這種深入的交流能讓雙方的關係更融洽，也更有意義。如果你想要讀懂一個人的心思，想要深入瞭解一個人，就必須在溝通過程中與對方建立共情，只有這樣，對方才會打開心扉，坦誠說出自己的想法和感受，這樣一來，你就可以對他有一個更深入、更全面的瞭解，當然也更能理解對方。

反觀沒有共情的溝通往往只會流於表面，畢竟雙方都不肯敞開心房，如何成局？

共情力與同理心

田 Joe 在 Pixabay 上發佈

第 2 章

共情類型：瞭解自己的共情天賦

人際關係的本質是互惠互助。

缺乏共情力與同理心的人從不給予他人關愛和支持，又如何能得到他人的關心和理解、支援與幫助？試著理解自己的天賦，別讓表面的成功掩蓋內心的孤獨，畢竟幸福對你我而言，距離並不遠……。

身體共情：
可傳遞的身體疼痛

「我能理解你的痛苦……」
　　　　　——比爾 · 柯林頓（WilliamJeffersonClinton）

一九九二年，美國總統候選人比爾 · 柯林頓（William Jefferson Clinton）在一場造勢大會上面對激進分子的刁難時，說出了一句廣爲流傳的話：「我能理解你的痛苦……」這句話在大會結束後很快在美國流行起來，還被人們稱爲「柯林頓式關懷」。

大多數人都和柯林頓一樣，對於他人的痛苦感同身受，對他人的遭遇也能表示理解，但我們能否感受到他人物理上的疼痛呢？答案是肯定的。也就是說，當我們看到一個因身體不適而感到疼痛的人時，我們會感覺到他的疼痛，這種身體上的疼痛具有傳遞性。

俄勒岡健康與科學大學（OregonHealth&ScienceUniversity，

OHSU）為了證明身體疼痛具有傳染性，可以從一個個體傳遞給另一個個體，就在老鼠身上進行了實驗。實驗設置為，一組老鼠接受一種有毒物質的注射，該有毒物質會引起炎症，炎症發作時這組老鼠就會感覺到疼痛；另一組老鼠則不會被施加痛覺刺激，牠們會被擺放在被施加痛感刺激的老鼠的旁邊，以便實驗者觀測牠們會不會因受到施加痛覺刺激的老鼠的影響，因而感覺到疼痛。如果牠們真的有疼痛反應，那麼就說明身體上的疼痛可以相互傳遞。

實驗開始後，接受注射有毒物質的老鼠很快感覺到疼痛，而沒有施加痛感刺激的老鼠也表現出了疼痛的反應。而且測量結果顯示，這些老鼠雖然只是旁觀者，但牠們所感受到的疼痛，並不亞於接受有毒刺激的老鼠，甚至可以說，牠們感受到了和被施加疼痛刺激的老鼠相同的痛苦。

第三組老鼠作為對照組，被放置在另一個房間裡，牠們不論在聽覺還是視覺上，完全不會受到有毒刺激的那群老鼠的影響，結果顯示牠們與第二組的老鼠不同，牠們絲毫沒有表現出痛覺反應。可當實驗者將表現出痛覺反應的一部分第二組的老鼠，和第三組被隔離開來的老鼠放置在一起時，這些原本被隔離開來的老鼠，紛紛受到了痛覺反應老鼠的影響，甚至開始出現痛覺反應。也就是說，牠們雖然沒有受到聽覺和視覺上的刺激，卻從嗅覺中感受到其他老鼠的痛苦。

最終三組老鼠都出現了痛覺反應……。

其實，真正接受痛覺刺激的老鼠只有一組，也就是說，第一組老鼠的痛苦，確實傳遞給了其他兩組老鼠。

痛苦可以被傳遞：身體共情的標準特質

該實驗結果充分證明「痛苦」是可以被傳遞的這一理論，而且該實驗結果還可以延伸到人的身體，我們和實驗中的老鼠一樣，能夠體驗到他人的痛苦，人與人之間的痛苦同樣可以傳遞。能夠對他人的痛苦「感同身受」，體會到別人的痛苦，這就是共情力。

伯明罕大學（UniversityofBirmingham）斯圖爾特 · 德比希爾博士和其同事喬迪 · 奧斯本為了證明人能產生感應式疼痛，專門找來一百零八名大學生進行了一次實驗。

實驗中，斯圖爾特安排測試者觀看一些會令人感到疼痛的畫面，例如運動員受傷、病人接受注射等，然後讓測試者說出自己看到這些場景後的心理感受。統計結果顯示，有接近三分之一的測試者表示，他們能從至少一個場景中感受到疼痛，他們不僅會產生疼痛的情緒反應，還能感覺到生理疼痛，例如看到運動員膝蓋受傷，他們就會感覺自己的膝蓋疼痛。在斯圖爾特看來，這些能產生感應式疼痛的人就是「反

共情力與同理心

應者」，而那些未感到疼痛的人則是「無反應者」。

隨後，實驗者在反應者和無反應者中，各自挑選了十個人參與接下來的實驗。這一次，他們被安排觀看三種不同的場景：忍受疼痛場景、令人感動而非疼痛場景和普通場景。當他們觀察這些場景的時候，實驗者還運用「功能性磁振造影」（fMRI）來密切關注著他們大腦的活動情況。fMRI 圖像會隨著大腦血流量的變化而發生變化，實驗者可以透過觀察這些變化來判斷大腦的哪個區域，會對某一種刺激產生反應？

當測試者觀看疼痛場景時，實驗者發現所有測試者—不論是反應者還是無反應者，他們大腦中的情感中心都會變得活躍起來，而反應者大腦中的感受疼痛的相關區域會比無反應者更加活躍。當測試者看到令人感動的場景時，反應者大腦中感受疼痛的區域不再活躍，反而平靜下來。斯圖爾特認為，這項實驗結果可以充分證明感應式疼痛的存在，當然並不是所有人都會對他人的受傷或疼痛產生生理反應。

美國著名社會心理家學史丹利‧米爾格蘭（StanleyMilgram）曾做過一項著名的電擊實驗，他認為測試者會為了服從實施電擊的命令，而無視電擊給他人帶來的痛苦[1]。

參加實驗的測試者均為男性，年齡在二十歲到五十歲之間，一共有四十名測試者，他們分別來自美國社會的不同階

層，有工人、業務員、商人，也有受過高等教育的專家。實驗開始後，米爾格蘭會說這是一項涉及體罰對學習行為的作用的實驗，一部分測試者扮演老師的角色，另一部分測試者則扮演學生的角色。事實上，所有測試者都扮演老師的角色，隔壁房間扮演學生角色的人，則是米爾格蘭提前安排好的。

實驗開始後，扮演老師的測試者會被告知，他們雖然看不到扮演學生的測試者，卻能聽到他們的聲音，彼此可以通過聲音進行溝通。而扮演老師的測試者會拿到一個電擊控制器，這個電擊控制器連接著一台發電機，可以製造出十五伏特到四百五十伏特的電流，每當他們要對隔壁的學生實施懲罰時，就可以按下電擊控制器。

實驗開始後，老師會得到一張紙，上面列著一些搭配好的單詞，老師需要將這些單詞交給隔壁的學生，然後進行測驗，而學生則透過按下 A、B、C、D 四個按鈕來回答老師的問題。由於單詞表很長，許多學生都無法正確回答問題，老師不得不對學生進行電擊懲罰。

在最初的電擊懲罰中，由於伏特數較低，學生們並不會表現出多大的痛苦。但隨著錯誤的增加，電擊的強度也在不斷提高，當電擊達到七十五伏特時，老師們開始聽到學生不滿的叫聲。當電擊達到一百二十伏特時，學生們開始痛苦地喊叫。當電擊達到一百五十伏特時，學生們開始求饒，他們

共情力與同理心

會求老師放過自己，自己實在無法忍受電擊，想要退出實驗。當電擊達到二百伏特的時候，老師就會聽三百伏特的時候，學生們開始抗拒，他們不再回答問題。當電擊超過三百三十伏特的時候，老師不會再聽到學生的聲音，隔壁一片寂靜，學生好像已經痛暈過去了……。

學生們的種種反應當然都是演出來的，電擊懲罰事實上根本不存在，但對於扮演老師的測試者而言，這裡的一切都那麼真實，容不得他們懷疑，他們相信自己每次實施的電擊懲罰都會給隔壁的學生帶來痛苦。隨著電擊強度的增加，許多扮演老師的測試者開始懷疑這次實驗的目的和意義，他們不想聽到隔壁學生痛苦的叫喊聲，因此有不少測試者提出疑問，可在權威的米爾格蘭的命令下，許多測試者選擇繼續，只有五名測試者拒絕執行電擊命令。

在整個實驗過程中，一共有十四名測試者拒絕服從米爾格蘭的命令，這項實驗結果顯然證明了米爾格蘭的猜想，一個人會因服從權威而做出傷害他人的事情，哪怕他們會因此產生焦慮乃至憤怒的情緒，在執行命令的同時，承受著巨大的心理壓力。

感同身受他人痛苦，視覺刺激效果倍增

嚴格說來，米爾格蘭的實驗證明了，大多數人能對他人

的疼痛感同身受，在實驗中測試者只能聽到學生們痛苦的叫喊聲，也就是說他們只被施加了聽覺刺激，僅僅是這樣，他們都難以忍受，想要結束電擊懲罰。如果再加上視覺刺激，沒有牆壁的阻隔，他們能親眼看到學生們的痛苦，那麼實驗就會出現另一種結果，因為視覺刺激給人的感受更加強烈。

這種能感受到他人疼痛的特質，被稱為身體共情，屬於共情類型的一種。在現實生活中，有一部分人能與他人產生身體共情，當他們看到別人出現不舒服或表現出痛苦反應時，他們就會覺得不舒服或疼痛。像上述實驗中的反應者，他們就屬於身體共情者。他們在實驗結束後對實驗者表示，在平常的生活中，他們通常不願意觀看恐怖電影或新聞中令人不安的場景，因為這些會讓他們陷入痛苦中。

當然，身體共情不僅局限於感受他人的痛苦，還包括感受到他人所散發出來的積極資訊，例如當身體共情者和一個身體健康的人待在一起時，他就會感覺良好。也就是說，身體共情者，多半都能感受到他人的身體狀態。

身體共情這種共情類型既有好處也有壞處。首先，身體共情者能感受到他人身體的狀態，從而敏銳地捕捉到對方的需求。例如初為人母的女性在照顧自己的孩子時，就需要與孩子建立身體共情，能敏銳感受到孩子的身體是否舒服，從而在孩子的身體出現不舒服時，她能及時採取措施。但身體

共情力與同理心

共情者也會被這種共情力所困擾，尤其是當他們無法清楚區分自身與他人之間的感受時，他們會將兩者混淆，且極易被對方消極的身體狀況影響。

---

1. 米爾格倫實驗（Milgram Experiment）是史丹利‧米爾格蘭在一九六○年針對社會心理學所舉辦的一項非常著名的科學實驗，又稱權力服從研究（Obedienceto AuthorityStudy）。

情緒共情：
深度交流帶來的孤獨感

大多數的「情緒共情者」亦具備管理他人情緒的特點。

　　蕾蕾從小就是一個對他人情緒十分敏感的人，爲此她能輕易得到他人的信任，能與任何一個人順利建立一種特別而深刻的關係。在這段關係中，蕾蕾通常是一個很好的傾聽者，周圍的人都願意和她分享自己生活中的快樂和煩惱。

　　這種高敏感的情緒特質爲蕾蕾吸引了許多好朋友，而且這些朋友與她的關係都不錯，但蕾蕾卻總是被一種孤獨感所困擾。因爲她發現自己與朋友的關係的確很親密，每當朋友們遇到人生困惑，或想找一個人傾訴自己的心事時，蕾蕾總會成爲他們的首選，蕾蕾很感謝這份信任，但她同時也覺得自己與朋友們的關係十分疏遠，因爲他們不會找她聊八卦、逛街、玩耍。

共情力與同理心

蕾蕾屬於情緒共情者，她對他人的情緒具有高度敏感性，能夠輕易感受到他人的情緒以及情緒變化，甚至能以對方的角度來看待他們的情緒反應。這種快速的、深度共情他人情緒的能力，使得情緒共情者能比一般人更快地進入對方的心理狀態，從而理解、體驗對方的內心，使對方覺得情緒共情者療癒了自己。在情緒管理上，**情緒共情者不僅具有管理自身情緒的能力，還能妥善管理他人的情緒。**

由於情緒共情者具有治癒他人的能力，他們通常能輕易得到他人的信任，讓對方能在他們面前敞開心扉。他們周圍的人每當遭遇一些困惑時，就會向情緒共情者求助。在上述案例中，蕾蕾就因為擁有這種治癒力，所以能輕易與他人建立一種特別而深刻的關係，朋友們也把她視為最好也最安全的傾訴對方。

情緒共情者在情緒上的高敏感性決定了他們能對他人的需求和情緒感同身受。他們十分擅長觀察他人語言和行動背後的情緒，哪怕是一閃而過的情緒，而這些情緒常常代表著對方的真實感受，所以他人會覺得情緒共情者能對自己進行深度的疏導。

但是，情緒共情並不意味著超強的人際交往能力，一些情緒共情者如蕾蕾一樣，也會在人際交往中遇到障礙和困難，比如無法輕鬆地和朋友們聊八卦、逛街，而這些都是女

孩日常人際交往中常做的事情。每當有人找蕾蕾傾訴自己的煩心事時，蕾蕾都不會拒絕，她甚至會因為自己能因此而幫到朋友感到開心，她有一種自己被需要的感受，這是許多情緒共情者都會產生的心理，同時也是他們的困惑。他們會產生一種錯覺，覺得自己與傾訴者之間的關係非常緊密，認為這就是人際關係的一部分。

站在對方立場思考，給予合理好用的建議

與討好型人格者不同，情緒共情者不會去主動討好、取悅他人，也不會期望能得到所有人的喜愛。可他們與討好型人格者有一個共同的特點，那就是不會拒絕他人的請求，甚至希望自己能為他人提供幫助。每當有人來找蕾蕾傾訴煩惱時，蕾蕾都會欣然接受，從不會拒絕，因為她覺得此時自己在被別人需要。在傾訴的過程中，傾訴者一方面需要宣洩自己的情緒，使得自己的情緒得到紓解，另一方面他們也希望能有人解開自己的困惑，給自己一些建議。情緒共情者往往能輕易地做到後者，他們能感受到對方情緒背後的意義，從而真正寬慰對方，最關鍵的是，他們能站在對方的立場給予最合理、最有價值的建議，這些建議都與他們對情緒的高敏感性密不可分。

對於傾訴者來說，情緒共情者顯然是最好的傾訴對象，

共情力與同理心

但他們卻無法和情緒共情者成為朋友，就像上述案例中的蕾蕾一樣，周圍的人都覺得蕾蕾是個絕佳的傾訴對象，卻不會有人找蕾蕾聊八卦、逛街和玩耍。這是因為傾訴者在情緒共情者面前過度暴露了自我。

在一段以信任為基礎的關係中，自我暴露是必不可少的。當我們信任一個人，覺得這個人很可靠時，我們就會暴露自我，將自己的一些想法、情緒和感受暴露給對方。我們通常會在一段值得信任的關係中進行深度暴露，因為我們相信對方不會傷害自己。也就是說，自我暴露有助於人際關係的建立，這是情緒共情者所具有的優勢，但這種優勢同時也是劣勢。

每個人都希望自己被傾聽、被理解，希望有人能解開自己的困惑，給自己一些合理的建議。因此當遇到情緒共情者時，大多數人都會自我暴露，隨著交流的深入，傾訴者會更加信任情緒共情者，從而會更加深入地進行自我暴露。在傾訴者的自我暴露下，情緒共情者能快速地與對方建立信任的關係，可對於對方來說，他會對情緒共情者產生恐懼，因為他在情緒共情者面前完全暴露了自我，對方知道了自己太多的秘密，致使他在此人面前會感到脆弱。

每個人都不希望將自己完全暴露在另一個人面前。因此情緒共情者經常在人際關係中感受到孤獨，像蕾蕾一樣，她

很羨慕朋友們在一起打打鬧鬧，但她卻無法融入其中，因為她知道太多朋友們的祕密了。吃喝玩樂是一種十分常見的社會交往方式，在朋友中間尤為常見。但對於情緒共情者來說，他們往往很難掌握這種吃喝玩樂的社交技能，因為在周圍人的眼中他們似乎只適合聊感情、談人生。

此外，情緒共情者還很容易遭到情感勒索。情感勒索是一種以愛的名義進行要脅，從而迫使對方按照自己想法做事的人際關係。情感勒索者會充分利用情緒共情者敏銳、充沛的情感，成為情感吸血鬼，不斷從情緒共情者身上汲取情感能量，每當情緒共情者無法忍受想要離開時，情感勒索者就會以愛的名義進行要脅。

小心在幫助他人之餘，反讓自己深陷痛苦

情緒共情者會很容易成為情感勒索的受害者，很大程度上取決於他們不懂得如何在情緒上和他人建立邊界，也就是分不清楚自己的情緒和他人的情緒。情緒共情者在借助自身情緒上的高敏感性與他人產生共情，幫他人排憂解難後，通常難以將自己剝離出來，無法建立情緒邊界，在幫助他人的同時，也容易讓自己深陷他人的痛苦之中。

蕾蕾常常覺得孤獨，雖然她幫助了許多人，周圍的人都

得到過她的幫助，但他們卻從未將蕾蕾當成朋友。蕾蕾對他們而言，更像一個情感服務者，當他們需要排憂解難的時候，就會想到蕾蕾，而蕾蕾也會努力幫助他們，可當他們的困惑解開了，重新投入正常的生活中，蕾蕾就成了被遺忘的那個人。這就好像一個富人身邊總是圍繞著許多朋友，他們因為錢和富人交朋友，總是找富人借錢，可當富人沒錢了，他周圍就一個朋友也沒了。

對於他們來說，蕾蕾就和這個富人一樣，只具備為他們排憂解難的功能，至於蕾蕾有什麼樣的想法、感受和需求，他們並不在意。蕾蕾想要擺脫這種孤獨感，就必須讓周圍的人明白，她不只是一個情感服務者，還是一個完整的個體，有著自己的需求和感受，周圍的人必須接納和珍惜她。

對於每個人來說，不論是吃喝玩樂的人際關係，還是深度交流的知心好友關係，這都是我們人生中需要的人際關係。如果只保留單一的人際關係，不論是吃喝玩樂還是深度交流，我們都會覺得孤獨，我們需要多元、健全的人際關係。可對於情緒共情者來說，他們能輕易與他人建立起深度交流的關係，那麼又該如何排解這種深刻而疏遠的關係所帶來的孤獨感？

第一，**情緒共情者，要建立自己的情緒邊界**。在與他人溝通的時候，情緒共情者不要將全部的注意力都放在關注對

方的感受上，要時刻關注自己的感受，每當自己因對方情緒發洩而感到不舒服時，應該先照顧到自己的感受，然後在有能力兼顧的前提下去照顧對方的感受、情緒。

第二，**學會分辨哪些人值得交往？**情緒上的高敏感性是情緒共情者的天賦和能力，沒必要刻意進行改變，也不要覺得所有人都在利用自己的共情力，畢竟在人際交往中，人都具有功能性，例如有的人具有扮演知心姐姐的功能，有的人具有扮演開心果的功能。我們所具備的某項人際交往功能是我們的優勢所在，我們也會因為對方的某種功能的吸引而主動靠近對方。

反之，若你發現總是有某些人在利用你的情緒高敏感性，而不將你視為一個完整的個體，只顧著傾訴自己的情緒、感受，而不在意你的情緒、感受，那麼建議你盡快遠離這群人……。

共情力與同理心

認知共情：
與他人產生「理性」的共情

「認知共情」幫助我們瞭解對方的內心世界，進而理解對方。

在電影《心中的小星星》（*Taare Zameen Par*）中，主角是一個八歲小男孩，名叫伊桑，出生於一個富裕的中產階級家庭，從小無憂無慮地長大，但當他入學後，麻煩接踵而至。在學校的老師看來，伊桑是個有智力障礙的搗蛋鬼，可伊桑的父母不認為兒子智力有問題，日常生活中的伊桑是個小機靈鬼，他的父親覺得，兒子讀不好書是因為缺乏嚴格的管教。

後來，伊桑的父親在學校建議下，將伊桑送進特殊學校讀書，這是一所寄宿學校，以對學生的嚴格管理而聞名，就像校監介紹的那樣，在這所學校裡「最難馴服的野馬，也會服服貼貼……」

來到寄宿學校後，伊桑覺得自己被父母拋棄了，他被一

種強烈的遺棄感籠罩，在這裡他變得自卑起來，只能通過各種想像來化解日常生活的難題。後來伊桑的想像力開始異化，他想像的畫面開始變得令人恐懼和噁心，不再像以前那樣繽紛多彩。其實伊桑是個能輕易感受到現實世界豐富多彩的男孩，只是他在誦讀上存在障礙，這也是他學習成績差的原因所在。但伊桑就讀的學校根本不瞭解誦讀障礙這種病症，只是依照常識將伊桑視為智力障礙者。

對伊桑來說寄宿學校的生活充滿了恐懼，他漸漸變得麻木、冷漠，不再接受現實世界裡的一切，將自己完全封閉在想像中，哪怕是家人也無法讓伊桑變得快樂。這時一個名叫尼克的美術老師走進了伊桑的生活，與以往所見的固守成規的老師不同，尼克是個十分注重學生個性自由發展的老師，他很快注意到了伊桑，並對伊桑的痛苦感同身受，他知道伊桑的心理狀況已經到了非常危險的境地，如果不採取積極的拯救措施，那麼伊桑的情況只會變得更糟糕。

尼克透過家庭訪視瞭解到，伊桑的智商根本沒有問題，以前的伊桑是個很機靈的男孩，尤其擅長繪畫。對於伊桑的變化，他的父母早就有所感受了，他們努力讓伊桑變得快樂，但伊桑對家人的關心無動於衷，家人不瞭解伊桑的內心，總是被伊桑的麻木、冷漠激怒。

父母只覺得伊桑是個令他們痛心的孩子。尼克在瞭解了

共情力與同理心

伊桑的基本情況後，開始試圖說服他的父母，尤其是伊桑那固執的父親，讓他們相信伊桑只是一個患有誦讀障礙的孩子而已。想要解決伊桑的問題，就必須得到他父母的理解和支持。後來尼克還爭取到校長的配合。

尼克知道伊桑擅長繪畫，但在幫伊桑走出心理陰影的時候他卻選擇了手工製作，在他的帶領下，伊桑等學生會通過在沙子裡寫字來學習，在自然界中學習。漸漸地，伊桑終於戰勝了內心衝突，他的繪畫天賦也被極大地激發出來。他在參加繪畫大賽的時候，創作出了一幅將現實與想像融合在一起的繪畫作品，最終伊桑獲得了繪畫大賽的第一名。

我們能對他人的遭遇感同身受。當我們看到某些事情發生在別人身上時，我們會感覺到這些事情像是發生在自己身上一樣，因為我們將對方的感情融入了自己的感受中，例如當尼克老師看到伊桑在學校痛苦的生活時，立刻感同身受，想要幫他擺脫痛苦。但共情力不僅意味著共同的感受，還包括複雜的思維機制。

理性看待共情互動，嘗試不摻雜個人情緒

「情緒共情」屬於共情類型的一種，意指我們能夠且願意分享別人的情緒，例如感受到對方的恐懼、痛苦等，這是

長期進化過程中，親代養育和群體生活所賦予我們的能力。
情緒共情具有很多積極的意義，它可以使我們對他人的不幸給予某種程度的關心，也可以使我們感受到他人的喜悅。但情緒共情也有消極的方面，比如我們會受到對方消極情緒的影響。當我們看到一個人發生不幸時，我們會因情緒共情而產生痛苦的感覺。如果這種痛苦感太過強烈，自己又沒有能力幫助對方擺脫不幸，我們通常會主動回避這些感受。例如我們得知一個人需要大量的錢治病，我們因為情緒共情而感受到對方的痛苦，可又不能將自己所有的積蓄都捐獻給對方，為了擺脫痛苦和內疚的感覺，我們會選擇無視。

對於一些從事特殊工作的人來說，如果總是與他人產生情緒共情，他們就無法正常履行職責，例如醫生這種工作。如果一名醫生經常與患者產生情緒共情，就會因情緒共情而滋生過多的倦怠感，那麼他不僅無法正常履行醫生的職責，還會出現自殺的風險。

此外，情緒共情還很容易帶有偏見。由於共情的進化與親代養育密切相關，因此我們能對家人和朋友產生更多的情緒共情。進化的過程中，我們必須依賴群體才能生存，群體能保護個體免受捕食和傷害，社交聯繫越強的人越容易存活下來，因此我們會本能地親近家人和朋友，且傾向於在「我們」和「他們」之間劃出界限。這意味著我們能與家人、朋

共情力與同理心

友輕易地產生情緒共情，我們更偏向感知與我們親近的人。例如兩個完全不同或屬於敵對群體的人，他們通常能與群體內的成員形成密切的聯繫，能對群體內部成員產生情緒共情，但對群體外的人卻存在偏見。

與情緒共情相比，**認知共情更容易使人擺脫上述情緒共情的消極面**。「認知共情」主要是指思考他人的情緒，從而**能理解他人是如何思考的，並站在他人的角度去思考和理解他的言行**。認知共情與情緒共情不同，它更多的是從理性的角度與他人產生共情，通常不會摻入個人情緒、情感。

當尼克看到伊桑被學校嚴格的管理制度所困擾，且誦讀障礙被老師認為是智力障礙時，他十分瞭解伊桑的痛苦感受，因為他曾經和伊桑一樣，也飽受誦讀障礙的困擾，從這個層面上看，尼克與伊桑之間產生了情緒共情，因為他和伊桑是同類人。但尼克沒有被情緒共情困擾，而是將情緒共情昇華為認知共情，他瞭解伊桑的痛苦，為了更加深入地瞭解伊桑的想法，他選擇了家訪。

想要做到認知共情，我們就必須試著借助感知力去瞭解對方的想法，只有這樣我們才能更好地理解對方如何看待發生在他們自己身上的一切，從而達到理解對方的目的，理解對方為什麼會出現此種言行。在理解的基礎上，我們才能決定自己是否伸出援助之手，去幫助對方擺脫困境。

尼克從伊桑父母那裡瞭解到，伊桑曾經是個活潑機靈的男孩，尤其擅長繪畫，只是並不擅長誦讀。這讓尼克更加確定，伊桑的痛苦是嚴苛的學校管理制度造成的，所以他去找校長，讓校長配合自己幫助伊桑走出困境。在接下來的教學活動中，尼克帶著伊桑等人去感受大自然，進行手工製作，漸漸地，伊桑不再冷漠、麻木，他的繪畫天賦被尼克徹底激發出來，他參加了繪畫大賽並獲得了第一名。

伊桑的痛苦來自周圍人對他的否定，好像他是一個沒有任何價值的人。因為他的學習成績不好，被第一所學校勸退，於是他被父母送到了一所管理更加嚴格的寄宿學校，在父親看來，伊桑太過調皮，但只要好好管教，一定能成為學校裡的佼佼者。但在這所學校裡，伊桑切斷了與家人的聯繫，又得不到老師的稱讚與關心，這使得伊桑的自我價值感變得更加糟糕，他越發覺得自己是沒有價值的。

但尼克老師所做的一切使伊桑擺脫了這種錯誤的認知，他不再自我否定，而是開始接納自己，將自己的繪畫天賦發揮出來。尼克老師對伊桑的幫助是建立在認知共情的基礎上的，認知共情使他能站在伊桑的角度理性地看待他所遭遇的一切，理解伊桑的痛苦和感受，並且知道如何讓伊桑重新恢復自我價值感。

認知共情能使我們瞭解別人的想法，從而感知對方如何

共情力與同理心

思考，並做到站在對方的角度去看待一切。也就是說，「認知共情」幫助我們瞭解對方的內心世界，進而達到理解對方的目的。如果有必要，我們可以在和對方產生認知共情的基礎上幫助他們做出改變，使他們改變對生活的消極態度，幫助他們重新變得積極快樂起來，尼克老師就是這樣幫助伊桑的。

認知共情與我們感知力的敏銳程度密切相關，而想要訓練自己感知力的敏銳程度，我們就必須做到以下兩點。

第一，**認真觀察**。當你身處一個陌生環境時，讓自己對周圍的人和事多加留意。例如當你和一個人交流的時候，你可以留意一下對方的眼神、說話的語氣以及表情，這樣才能瞭解到更多的資訊。

第二，**善於總結**。對一些自己感覺重要的人或事要理清來龍去脈，然後才能找出關鍵，並想出解決的辦法。

惡意誤導他人入局，認知共情反而傷人

與情緒共情一樣，認知共情有積極的一面，也有消極的一面。如果一個認知共情者利用自身超強的感知力和另一個人產生認知共情，理解對方的內心世界，並借此來操控對方，那麼認知共情力就會變成邪惡的力量，例如十分擅長操控人

心的精神變態者。

電影《沉默的羔羊》（The Silence of the Lambs）中的漢尼拔‧萊克特就十分擅長與人產生認知共情，並利用認知共情達到操控對方的目的。

漢尼拔被關在一所戒備森嚴的監獄中，他喜歡殺人，還酷愛吃人肉。一天，一個名叫克麗絲‧史達琳的美國聯邦調查局的女特工來監獄拜訪漢尼拔，因為她工作的城市發生了一起連環殺人案。她得知漢尼拔十分擅長分析罪犯的心理，於是她想讓漢尼拔分析一下這名變態殺人犯的心理，從而縮小調查範圍。在克麗絲臨行前，她的上司向她囑咐道，千萬不要和漢尼拔做交易。

當克麗絲坐到漢尼拔面前時就忘記了上司的囑咐，她答應了漢尼拔的交易條件，將自己的個人經歷告訴了漢尼拔，因為只有這樣漢尼拔才願意提供幫助。漢尼拔因此瞭解到克麗絲童年時期有過一段痛苦的經歷，她在父親去世後被送到姨媽那裡生活。姨媽家就在牧場，那裡經常發生屠殺牲口的事情，克麗絲經常能聽到羊羔的慘叫聲，這給她留下了深刻的心理陰影。

漢尼拔通過克麗絲的這段描述，對克麗絲產生了認知共情，他能從克麗絲的描述中觀察到克麗絲的恐懼反應，並直

共情力與同理心

接指出了克麗絲內心深處的恐懼。最終克麗絲不堪忍受漢尼拔對自己心理的剖析，恐懼而狼狽地離開。

漢尼拔的認知共情力已經不再具有善意、積極的目的，他通過認知共情看透克麗絲的內心，瞭解了克麗絲的想法和情緒。如果克麗絲沒有立刻離開，那麼她會一步步進入漢尼拔爲她設置的陷阱中，最終成爲漢尼拔的俘虜。

後來，克麗絲又冒險去找了漢尼拔一次，因爲連環命案又出現了，這一次，克麗絲從漢尼拔那裡獲得了許多有用的線索。漢尼拔不愧是一個認知共情的高手，他從克麗絲所提供的線索中精準地分析了該連環殺手的內心世界，還推測出兇手童年時期很可能遭受過成年人的虐待，內心因此變得扭曲，兇手長大後還試圖通過變性手術改變自己的性別。

就在漢尼拔一步步分析兇手的內心世界時，獄監出現了，他將已經整個人聽得入迷的克麗絲帶走，但克麗絲不小心將圓珠筆丟在了那裡。克麗絲根據漢尼拔的分析找到了兇手，一個更可怕的連環殺手—漢尼拔利用她丟下的圓珠筆殺死獄監，從監獄裡逃了出來。

在漢尼拔越獄的這整個過程中，他的認知共情力起到了很大的作用，但這已不是出於善意，而是利用別人的手段……。

萬物皆共情：
細細感受周遭人事物變化

我們越安靜，往往越能捕捉到大自然中的變化……。

十八至十九世紀的法國誕生了許多著名的文學家，例如雨果、巴爾扎克等，但一個名叫尚・亨利・卡西米爾・法布爾（法語 Jean-Henri Casimir Fabre）的昆蟲學家卻憑藉一本《昆蟲記》（*Souvenirs Entomologiques*）躋身著名文學家行列，甚至被稱為「昆蟲界的荷馬」。

法布爾用一生的精力來觀察、研究蟲子，還專門為蟲子寫出了十卷本大部頭的書。在《昆蟲記》這部書中，法布爾介紹了許多昆蟲以及牠們的日常生活習性。這是一本昆蟲科普類的書籍，但法布爾字裡行間洋溢著的對昆蟲的尊重與熱愛，這使得這本書變得具有文學價值，獲得了廣大讀者們的喜愛，這本書的問世甚至還被看作是「動物心理學誕生」的標誌。

共情力與同理心

法布爾出生於法國南部普羅旺斯的聖萊昂的一戶農家，三歲時由於弟弟出生，母親只能全力照顧年幼的弟弟，於是將法布爾送到祖父家裡。在這裡，法布爾被鄉間的**蝴蝶**與**螢火蟲**這些可愛的昆蟲吸引，並終生對昆蟲保持著興趣和熱情。後來，法布爾雖然掌握了許多數學、物理、植物學知識，這些也是最容易出研究成果的領域，可以幫助他在教育界、科學界獲得一份不錯的工作，但法布爾卻將所有的時間和精力都花在研究昆蟲上。他甚至堅持自學並以此獲得數學、自然科學的學士學位，以及自然科學的博士學位。此外，他還精通拉丁語和希臘語。

　　因為研究昆蟲，法布爾遭受到教育、科學界權威的輕視，他們對法布爾存有很深的偏見，完全看不上他透過自學而來的學歷，也看不上他的研究結果。但法布爾根本不在意，他將全副心思通通放在研究昆蟲上。

　　一八七九年，法布爾買下了塞里尼昂（Sérignan）的荒石園[1]，這是一塊不毛之地，但在法布爾眼中卻是觀察、研究昆蟲的聖地，他全身心地投入各種觀察和實驗中，還將自己所觀察到的一切記錄下來。現如今，這塊曾經無人問津的荒石園已經成為博物館。晚年時，法布爾借助《昆蟲記》一書得到了社會的廣泛認可，許多人都對他這本書讚不絕口。但法布爾並沒有沉浸在《昆蟲記》所帶來的成功中而是依舊待在自己的荒石園中研究昆蟲，鮮與外界交流。

在許多人看來，法布爾顯然是個怪異的人，他似乎從來不會消遣，也不會享樂，否則他怎麼能忍受荒石園的生活呢？實際上，法布爾多才多藝，除了研究昆蟲外，法布爾還自學了許多學科，從數學、物理再到繪畫，法布爾留下的許多精緻的菌類圖鑑讓人驚嘆不已。表面上，法布爾一直生活在清貧與他人的偏見之中，事實上他根本不在意這些，因為他能與自然產生共情，這種共情力使法布爾樂在其中。

提起共情力，我們常常會想到人與人之間的共情。在人際交往中，共情力使我們尊重他人的情緒、照顧他人的情緒、體驗他人的內心世界，從而站在對方的角度去思考問題，理解並認同對方的內心感受。共情力會幫助我們在處理人際關係時，對他人的感受感同身受，在體會自己情緒變化的同時，也能兼顧到他人的喜怒哀樂。在人與人的交往中，如果雙方都有較高的共情力，那麼他們的關係會變得更親密、持久，雙方也能從彼此身上獲得更多滿足。

欣賞藝術、關懷自然，萬物皆是共情對象

除了人際交往，我們在進行藝術欣賞時，也需要共情力的介入。例如當我們看小說的時候，需要與小說人物產生共情，這樣小說才能讀得有滋有味，如果沒有共情力，小說這樣的藝術作品就沒有存在的必要了。共情力可以使我們在面

共情力與同理心

對藝術作品時與作者產生共鳴,從而達到欣賞的目的。例如因為共情力的作用,我們才能理解顏真卿在《祭姪文稿》[2]中的壓抑與悲憤。

人還會與動物產生共情,最常見的是主人與寵物之間的共情。對於一個養狗的人來說,他的寵物狗能感受到他的情緒變化,他也能感受到寵物狗的需求與情緒變化,也就是說主人與寵物狗之間因共情產生了特別強的聯結,這種聯結使得主人與寵物相互影響。主人與寵物雖然無法進行語言交流,但可以通過共情來密切關注對方的情緒,從而通過揣測來做出某種言行的反應。例如當寵物狗看到主人不高興時,會靜靜地待在主人身邊陪著他。

即使是種花、養鳥這種情感聯結不強的愛好,也需要共情的介入,畢竟花有花的習性、鳥有鳥的性情,它們會受到人的性格和心情的影響,如果人與它們產生了共情,那麼它們的生存環境和品質就能獲得保障。植物雖然處於生命的較低階層,無法與人產生情感聯結,但它們也能感受到人類的情緒。如果一棵植物總是能得到人的讚美,感受到人的積極情緒,那麼它就會生長成一棵健康的植物,反之,總是遭受咒罵、消極情緒影響的它,往往就會變得枯萎,甚至死亡。

除了上述這些共情外,人還能與自然產生共情,有的人能敏銳地感受到自然界的一切變化,從常見的動植物到日月

星辰，這種共情類型被稱為自然共情。當然，自然共情者的共情範圍，不一定是自然界這麼廣闊，他或許只是對自然界的某個特定事物產生共情，例如法布爾因為能與昆蟲產生共情，所以耗費畢生精力去關注昆蟲，並寫出了《昆蟲記》這樣經久不衰的經典作品。人們在閱讀他的《昆蟲記》時，往往能感受到這不只是在瞭解一隻昆蟲的外貌與生活習性，更多的是感受法布爾字裡行間，那份對大自然的熱愛。

其實，**在某種程度上**，**每個人都能與大自然產生共情**，當我們靜下心來待在一片樹林中時，我們會感受到微風、樹木的動靜，還能聞到草木的味道，一切好像是靜止的，但同時也充滿了活力。**我們越安靜，就越能捕捉到大自然當中的變化。**

1.法布爾為了紀念跟他同樣熱愛大自然的次子朱爾（Jules）早逝，故於一八七九年時搬到塞里尼昂（Sérignan），並在那裡買下一所房子與毗連的荒地，將園子命名為荒石園（普羅旺斯語為 L'Harmas，意指荒地），在那裡專心觀察、實驗、著述。
2 全名《祭姪贈贊善大夫季明文文稿》，俗謂《祭姪帖》、《祭姪稿》。是唐朝書法家顏真卿於西元七五八年時所書寫，後世將其譽為「在世顏體第一」、「天下行書第二」，真跡現藏於臺北國立故宮博物院。

第 **3** 章

共情式傾聽：
換位思考，理解對方立場……

溝通是人際交往中很關鍵的一環，若你我始終帶著自我意識進行溝通，那就無法完成共情式傾聽。

共情式傾聽必須雙方有來有往，你我必須放下以自我為中心的執念，學會與對方進行心靈交流，跳出以自我為中心的心理窠臼，方可達到相互理解。

將注意力聚焦在對方身上

拋下先入為主的習慣，換位思考對方真正的需求。

　　小玉這天的心情很糟，因為提出的企畫案被主管否決了，下班後小玉糟糕的心情也沒有得到緩解，看到男友在家就向他抱怨起來……。小玉的本意原本只是想小小抱怨一下，但因為男友並不在意，反倒在聽完小玉的抱怨後覺得她其實很無理：「老闆批評你，那就說明你的企劃案真的不夠好，那你就去改改便是囉，有不懂的地方多和主管溝通一下就好了。」男友覺得這只是工作中的一件小插曲，小玉必須自己去解決。

　　聽完男友的「勸慰」，小玉心中的怒火頓時洶洶燒了起來，她本想聽聽男友的安慰，就算男友不懂得安慰自己，那就安靜聽她說幾句抱怨也好，小玉的心情應該也會好一點，豈知男友非但不理解她，甚至還說起風涼話……，小玉當下

共情力與同理心

就和男友吵了起來。男友眼看局面無法收拾，實在無法忍受小玉的無理取鬧，所以就不耐煩地說：「這是你工作上的問題，你這樣和我鬧有意思嗎？再說，問題已經發生了，你只能想辦法，而我剛才說的也只是一個提議，我也在幫你想辦法啊……」

這時候，小玉越發感覺男友不理解自己，於是生氣地說：「什麼叫幫我？你說得倒很好聽，你要是真想幫我，就應該幫我把這個提企劃案做好，讓我在主管面前找回面子。」

男友聽完冷靜地對她說：「這我還真幫不了妳，我又不熟悉妳們的營業項目，妳既然想要一個能幫妳寫企劃案的男朋友，妳自己去找好了。」然後兩人都覺得這個戀愛實在沒必再談下去，於是就果斷地選擇分手了……。

其實，小玉的本意只是想跟男友傾訴工作上的不順利，渴望得到男友的安慰，並非是向男友尋求實質的幫助，而男友並未接收到小玉渴望傾訴煩惱的信號，他覺得既然工作出現問題，那就努力去解決就好，根本沒必要跟他說這麼多。顯然地，兩人的溝通出現問題，這就是雙方欠缺共情所導致的後果。

在維持一段關係的過程中，溝通十分重要，溝通的重要組成部分就是傾聽。每個人都渴望傾訴，希望有人能聽自己

說說話。但僅僅是傾聽就夠了嗎？我們還希望對方在傾聽自己心事、煩惱的過程中，能給出一些反應，能理解自己。因此在傾聽過程中，共情力尤顯關鍵與重要。

共情式傾聽要求我們用心去聽，將所有的注意力集中在對方身上。共情式傾聽說起來容易，做起來卻十分困難，因為在傾聽過程中，我們很難將所有的注意力都集中在對方身上，有太多事情會分散我們的注意力。在上述案例中，小玉的男友也在傾聽，但他卻沒有將注意力集中在小玉身上，他只是在聽而已，所以他只理解了小玉字面上的意思，沒有體會到小玉真正的訴求是什麼，這也是導致兩人爭吵、分手的關鍵。

共情互動、聆聽需求，雙方都能得償所望

很多時候，我們在傾聽的過程中，腦子裡卻在想著其他事情，也就是說我們的注意力依舊在自己身上，而不是對方身上。這導致我們明明是在傾聽對方，卻帶著個人的理解，乃至偏見，無法做到真正理解對方。「共情式傾聽」能讓我們將注意力放在對方身上、瞭解對方的訴求，而非先入為主地從自身立場去理解對方所說的一切。

當小玉向男友抱怨自己的企劃案並未獲得主管認可時，

共情力與同理心

男友先入爲主地去想，如果自己遇到這種情況會怎麼做？他的確在傾聽小玉的煩惱，卻一邊聽一邊聯想自己會怎麼做？而不是眞正理解小玉的需求和感受。於是？男友想當然地提出了自己的看法，他覺得既然出現問題，解決就是。男友絲毫沒有找到小玉的需求點，他在傾聽的過程中被自己的想法分散了注意力，然後憑藉自己的感覺？說出了自己認爲正確的解決辦法。

小玉當然會覺得自己沒有被理解。

在傾聽過程中，如果我們自行代入了既有的想法，那就無法將注意力集中在對方身上，且很容易將自己的想法強加給對方。而且？我們在代入自己想法的同時，還很容易代入自己的情緒、情感，這會給傾聽者帶來不理智的影響，極有可能會讓傾聽演變成一場爭執。小玉男友就是代入了自己的想法，後來當小玉抱怨時，他也加入自己的情緒，這讓他更難理解小玉的本意。他和小玉都困在自己的情緒中，這場爭吵最終演變成分手的慘況。

我們之所以向對方傾訴，無非是希望獲得理解，可若是傾聽者站在自身立場去理解一切，那雙方就無法產生共情，還會導致彼此失去信任基礎。在共情式傾聽中，傾聽者能使對方產生信任，這份信任能使傾訴者安全感變多，消除焦慮、恐懼等消極情緒，從而促使溝通變得更加坦誠、開放。如果

小玉男友在聽到她的抱怨時，將注意力轉移到小玉身上，用心體會小玉抱怨背後的焦慮情緒，然後給小玉一個發洩焦慮情緒的出口，那麼小玉一定會在這種充滿信任的環境中，將自己的消極情緒全部發洩出去，這樣一來，除了工作壓力減輕許多，她也會更加信任男友，覺得他是個能給自己帶來安全感的人。

在共情式傾聽中，不論傾聽者還是傾訴者，兩者都會感覺到平靜和安全，這種感覺有助於我們緩解壓力、消除消極情緒，也會促使雙方進行共情互動。

對於傾聽者，共情式傾聽能使他放下自己的想法、偏見，全神貫注地傾聽對方的訴求。由於將注意力都放在了傾訴者身上，傾聽者會從注意傾訴者說話的內容擴展到注意傾訴者的肢體動作，這有助於傾聽者更加瞭解傾訴者，深入傾訴者的內心，掌握他言行背後的心理。在傾聽的過程中，由於共情力的存在，傾聽者會一直保持平靜，不會被對方和自己的情緒困擾。

對於傾訴者，共情式傾聽使他覺得自己被人理解了，於是他會與傾聽者建立共情關係，這會使他漸漸平靜下來，他的焦慮、恐懼等消極情緒會被信任感和安全感所取代。當我們感覺自己處於一個信任、安全的環境中時，我們之前扭曲的想法會自動糾正。例如當我們與人發生爭吵時，我們會覺

共情力與同理心

得錯誤全在對方身上，會將對方貶低得一文不值，覺得對方是個十惡不赦的人。這個時候如果有一個共情式傾聽者能聽我們傾訴自己的煩惱，我們就會漸漸變得平靜，從劍拔弩張的防禦姿態中放鬆下來，從而認識到自己剛才的錯誤。

既然共情式傾聽具有如此神奇的力量，那麼我們應該怎麼做到共情式傾聽呢？共情式傾聽的關鍵在傾聽者，它需要傾聽者帶著共情力去傾聽，傾聽者首先要做的就是放下對自己的關注，將關注轉移到對方身上。想要將注意力都集中到對方身上，就必須做到放棄以自我為中心的想法，不要一聽到對方的某句話，就立刻聯想到自己過去的某段經歷，然後從自己的角度去勸解對方。這樣不僅無法使對方敞開心扉，還會讓對方產生防禦性反應。

在傾聽過程中，當傾聽者將所有的注意力都集中到對方身上時，自然會注意到對方說話的語氣，以及展示的各種肢體語言，而不是只將注意力放在談話內容上，這樣會使傾聽者順利放下既定想法和偏見，不致在傾聽過程中因自己的一些念頭

而分心。當然，共情式傾聽並不意味著要受到對方情緒的影響，徹底被傾訴者帶入他的情緒中，而是要和對方保持一定的距離，這樣才有利於共情關係的建立，否則就會**被對方的情緒牽著鼻子走，同樣會喪失理性**。

此外，「共情式傾聽」的主要目的是傾聽，並非為對方尋找解決問題的辦法。像小玉男友那樣的做法並不可取，因為傾訴者會在傾訴的過程中，感受到傾聽者的理解而漸漸恢復平靜，當他感覺到信任和安全時，因著現實生活中的困境所帶來的心理問題，自然會迎刃而解，他也會找到走出現實困境的辦法，不用傾聽者越俎代庖。

共情力與同理心

走出「以自我為中心」的視角

將注意力集中在對方身上，越能精準評估。

電影《原諒他七十七次》中的女主角呂慧心來自一個普通家庭，她是個努力上進且十分貼心的女人。她的爸爸是計程車司機，媽媽是全職主婦，每次她回家看望父母都會偷偷塞錢給媽媽，也從來不會惹爸爸生氣，就算爸爸做得不對也不會違背他的意願，因為爸爸有心臟病。

呂慧心大學畢業後做起了律師，她的男友張智思也是法律專業，卻並不想成為一名律師，就去當了拳擊教練。張智思來自一個經濟條件不錯的家庭，還是家裡的獨生子，從小順風順水，他人生唯一的挫折就是父母離婚、媽媽罹患癌症，後來父親再婚。可這對張智思的生活並沒有多少影響，他的爸爸依舊很愛他，會為他安排好一切，繼母也不敢惹他，反而經常被他的話嗆得無言以對。

呂慧心在處理工作和感情時是個很成熟的人，她深知男友的爸爸很愛兒子，所以不允許男友不尊重他爸爸，而在張智思母親患癌期間，她也一直幫忙照顧。與呂慧心相比，張智思顯然是個心智幼稚的大人，他對未來沒有任何計畫，只覺得目前的生活還不錯。因此兩人經常產生矛盾，比如看電影遲到的問題。

　　某次兩人相約去看電影，但張智思遲到了，呂慧心十分生氣，她最討厭別人遲到，但張智思並不在意，他向呂慧心抱怨說外面的交通十分擁塞，所以他才遲到。而就在張智思準備進電影院時，呂慧心阻止他：「現在進去幹嘛？電影都演了一半了。」

　　呂慧心顯然對張智思的遲到很不滿，但張智思沒有感覺到，他只是輕描淡寫地表示：「那就看下一場囉。」因為在張智思看來，遲到根本不是他的錯，只是下雨天導致交通混亂、堵塞罷了，遑論他覺得遲到本身也無關緊要，只要改看下一場電影就可以了。

　　可是這對呂慧心來說卻不是這樣，她因為男友的遲到而錯過了一場珍貴的電影，後來兩人在電影院附近發現了一家名叫「心動」的小店。呂慧心在店裡發現了一本名為「原諒他七十七次」的記事本，她決定要在記事本上記錄下自己的心路歷程，原諒男友七十七次，若他屆時還是不知悔改，那

共情力與同理心

她就會離開他。

呂慧心和張智思已經在一起十年了，兩人早已失去了戀愛初期的甜蜜，還經常因為一些生活瑣事爭吵，但因為雙方覺得已有十年的感情基礎，相信對方不會輕易離開自己，所以在產生矛盾時，雙方通常也不會在意對方感受。

呂慧心通常會毫無顧忌地抱怨，想說什麼就說什麼，絲毫不顧及男友的自尊心。張智思則在面對女友抱怨、批評和貶低時表現得漫不經心，總覺得女友始終是愛自己的，所以就算被批評得一無是處，他也不會反擊，反而是向她解釋、順著她，但這只表現在口頭上，張智思從未想過要在行動上改變自己。

張智思從來不會費心思去想女友到底需要什麼，他只按自己的想法來，比如送生日禮物這件事。在呂慧心生日時，她收到了一個精緻的小盒子，本以為是枚戒指，畢竟她很渴望婚姻，但打開一看卻是一個用紙折的愛心，再打開一看發現是一份為期十年的1T雲端硬碟的帳單。張智思告訴女友，他一次買下十年的1T雲端硬碟，核算下來每個月只需要七十八塊，還不用擔心漲價。張智思覺得這是份很貼心且有意義的禮物，但他沒注意到女友的失望與無力的迎合：「我想我現在的心情就像直衝天際這麼興奮。」

呂慧心一直對婚姻充滿了期待，當她收到朋友黛西的喜帖時羨慕不已，她會對男友說：「你看，你看，黛西的喜帖多可愛。」

可惜張智思從來不會主動提起結婚這件事，甚至在女友聊到結婚時表現出對婚姻的不屑一顧：「你不是說律師樓裡有六成都是打離婚官司的嗎？看來結婚就是離婚的第一步。」

其實張智思根本沒有結婚的打算，他不願承擔婚姻的責任，也不想被婚姻束縛住。而呂慧心雖然比張智思成熟懂事，但她從來沒有和他好好溝通過，每當矛盾發生時，呂慧心總是在向他抱怨。如果呂慧心能靜下心來好好地與張智思溝通，那麼雙方的關係或許會更進一步。抑或是呂慧心透過溝通發現張智思和她根本不是一路人，兩人早早分手，不用在彼此身上多耽擱時間。比如當張智思買冰淇淋，呂慧心向他抱怨：「葡萄口味，你知道我不吃葡萄乾的吧，你是第一天認識我啊！我只吃葡萄不吃葡萄乾，就等於我吃蘋果不吃蘋果派。」

張智思聽完苦惱地回應說：「你這是什麼邏輯啊，實在好難記。」

呂慧心想讓男友成熟體貼一些，可張智思根本不願改變，所以他不會去在意呂慧心的喜好，也不在意任何紀念日，

共情力與同理心

他每天搞到很晚才回家，經常和朋友外出喝酒，甚至和另外一名女子去看電影……。

對於張智思來說，這些都是小事，不必去在意，可呂慧心卻將這一次次的失望都記在了那本名為「原諒他七十七次」的記事本上。呂慧心記在本子上的都是一些小事，但她對男友的愛和耐心卻隨著這一件件小事不斷消耗，直到最後一根稻草壓倒了愛的執著這頭駱駝。

最後，張智思在呂慧心離開後，這才發現到這個記事本，這時的他追悔莫及，主動去找呂慧心求和，並表示會洗心革面、改變自己。

換位思考看待一切，放棄以自我為中心

在一段親密關係中，例如情侶關係、夫妻關係，如果在矛盾出現時，雙方都將錯誤歸結到對方身上，爭吵自然會發生。爭吵之中，雙方會互相譴責，覺得錯誤全是對方犯下的，所以對方應該承擔所有的責任。但這只會慢慢消磨掉彼此之間的感情，相互抱怨顯然只會讓雙方的衝突和矛盾加劇。

通常在爭吵中，雙方都會受到自己情緒的影響，尤其是在憤怒之下，雙方根本無法理性地體悟到自己和對方身上的不足，只會一味地譴責對方，甚至專門打擊對方的自尊心。

呂慧心在因為一件小事和男友發生爭吵時，會從小事漸漸升級到人身攻擊，她將男友貶低得一無是處，好像他是一個沒用的廢物。

想要準確地瞭解一個人，就必須調整自己的視角，不能只從自己的視角去看待對方，還要站在對方的視角去看待所發生的一切。當我們學會走出以自我為中心的視角，並擴展自己的視角去看待對方時，我們就能建立起共情，能理解對方，瞭解對方的想法和感受。

在呂慧心和張智思的相處模式中，呂慧心一直在抱怨張智思犯下的一個個小錯誤，張智思雖然沒有抱怨，也不會輕易和女友發生爭吵，但他的回避態度顯然表示也不準備好好和女友溝通。如果他們雙方能走出自己的視角，多站在對方的視角去看待日常發生的矛盾，那麼他們就能產生共情。

在現實生活中，我們習慣於用自己的視角去看待、評判周遭的人或事，這會導致我們經常性忽視他人的想法和感受，久而久之我們的視角只會越來越狹窄，越來越難以與他人產生共情。

張智思和呂慧心的成長歷程完全不同，因此兩人的性格也完全不同，例如他們在對待父母的態度上就截然相反。呂慧心是個貼心的人，她會委屈自己去體貼父母，因此她想當然地認為張智思也應該像她一樣孝順父母。呂慧心對待張父

共情力與同理心

張母也很孝順，她在張母患癌期間經常去看望她。但張智思不理解呂慧心與父母的相處模式，他也無法做到像呂慧心那麼貼心，於是呂慧心覺得張智思是個不孝順的男人。不論是張智思還是呂慧心都沒有走出自己的視角去看待對方，都覺得對方應該按照自己的方式來對待父母，可這樣只會加重雙方的矛盾，使他們無法放下偏見。

在人際交往中，我們會通過溝通的方式對他人進行評估，瞭解他人。可如果我們只站在自己的視角去和他人溝通，那麼我們所得到的評估結果往往帶著個人偏見，這會導致我們做出錯誤的決定。張智思和呂慧心在吵吵鬧鬧中相處了十年，他們只會站在自己的視角去對待日常生活中發生的矛盾，呂慧心不停地抱怨，譴責張智思，然後張智思再哄她，兩個人看似和解了，可是事實上，兩人的矛盾並未從根本上解決。

不論是呂慧心還是張智思，都不瞭解對方，且對對方做出了錯誤的評估。呂慧心渴望張智思能主動做出改變，能變得成熟一些、體貼一些，可她從未想過張智思到底怎麼想，是否真的願意做出改變。而張智思則一直在享受呂慧心的體貼照顧，他覺得呂慧心愛自己，所以不必去在意呂慧心的感受，只要敷衍地安撫好呂慧心的情緒就行，但他從未想過做出實質性的改變。

擴大自己的視角去傾聽，會使我們掌握更多的資訊，我們會將注意力都集中到對方身上，不再以自我為中心去看待對方，這時我們的關注點也在增加，從關注對方的說話內容，到關注對方的肢體語言、說話語氣和面部表情。掌握的資訊越多，我們就能越準確地對對方進行評估。

　　呂慧心和張智思在面對婚姻問題時，雙方的態度明顯不同。呂慧心從來沒有明確提出結婚的要求，但她會向張智思暗示自己對婚姻的憧憬。張智思卻並不想結婚，他不想承擔婚姻的責任。

　　如果呂慧心不是遇到一點兒不如意的小事就抱怨、指責張智思，而是多聽聽張智思怎麼看待這件事，她就能對張智思做出一個正確的評估，就能認識到自己和張智思或許並不合適，早早分手對雙方都好。或者，呂慧心可以努力促使張智思做出改變。而張智思如果能多站在呂慧心的角度去看待所發生的一切，他或許就能發生實質性的改變。

共情力與同理心

領悟他人的感受

目的很簡單，共情式傾聽就是理解他人感受。

趙曉芬是一名高三學生，最近媽媽發現她總是悶悶不樂，經常坐在自己的房間裡發呆不說話，媽媽很擔心曉芬的情況，於是問她是不是在學校裡發生了什麼事？壓抑了好幾天的曉芬在媽媽的詢問下，忍不住將心中的苦悶通通說出來……。

原來，曉芬最近和好朋友鬧了點小彆扭，心裡很煩。曉芬本以為會得到媽媽的勸慰，或請媽媽給自己出個主意，可媽媽的反應卻很不屑。在媽媽看來，高三學生應將精力放在課業上，根本不該為這點小事煩惱。

而更可惜的是，曉芬向媽媽說出自己的意見後，媽媽竟然還叮囑她，不要因為這點小事就影響了學業。

曉芬遇到的情況其實很常見，許多家長都與孩子存在溝通問題，因為多數家長無法聽進孩子的話，每當孩子表達自己的煩惱時，家長總是心不在焉地聽，某些家長甚至不等孩子把話說完就打斷，然後對此事進行評論。在許多家長看來，孩子經常為一些雞毛蒜皮的小事煩惱，而這些小事根本算不上是煩惱。所以，當孩子向他們傾訴煩惱時，家長通常會用三言兩語便打發了孩子，甚至特別交代他們要將精力放在課業上……。

　　在親子關係中，家長如果想要和孩子好好溝通，就必須學會共情式傾聽。共情式傾聽能使家長和孩子相互理解，如果家長都像趙曉芬的媽媽一樣，孩子就會覺得家長不理解自己，不懂自己的心思，甚至會覺得大人們根本不關心自己。在溝通過程中，傾訴很容易做到，聆聽更是相對簡單，但真正的「共情式傾聽」卻很困難。

與對方眼神交流，聆聽首重合乎心意

　　共情式傾聽意味著，要將所有的注意力都集中在對方身上。傾聽者不僅要理解對方的意思和想法，還要放下自己的想法和判斷，只有這樣我們才能與對方產生共情，深入對方的內心，感受對方的情緒、情感。

共情力與同理心

在親子交流中，家長如果想要成為一名共情式傾聽者，就必須向孩子傳達一個信號，即自己願意站在孩子的立場去理解他們所說的話，去理解孩子內心感受。這對於許多家長來說是一件很困難的事情，因為家長在與孩子相處時，通常會只顧自己說，並且用自己的想法去評判孩子的言行，而不是放低姿態，多聽孩子表達、傾訴。家長除了要通過孩子的表達，釐清事情的原委外，還要注意孩子的情緒。例如在上述案例中，曉芬的媽媽聽完整個事情的原委，只是女兒在和好朋友鬧矛盾，可她沒有注意到女兒的情緒，她只站在自己的角度去看待鬧矛盾這件事，所以她覺得這只是件不值得在意的小事，可正是這個所謂的小事讓曉芬苦悶了好幾天。

只有在傾聽中多注意觀察孩子的情緒，家長才能更準確地瞭解孩子的心理狀態。

我們如果想要做到共情式傾聽，就需要在傾聽時，時刻與對方保持眼神交流，身體前傾，且在對方表達完畢後，重述一遍對方的想法和感受，確定自己是否理解有誤？也讓對方確認，自己是否正確理解了對方的感受和想法？例如家長在和孩子進行溝通時，最好不要躺在沙發上，因為這會讓孩子覺得家長高高在上，不利於進行溝通，而且等孩子說完自己遭遇到的問題後，家長更要確認一下他的感受，而非簡單地下判斷或斥責。

「共情式傾聽」的目的很簡單，就是理解他人的感受。每個人都需要一個充分表達的機會，而這恰好是我們瞭解對方、調整自身視角的機會。

共情力與同理心

「傾聽」的四個層次

全心投入地聆聽對方陳述,切勿隨意打斷。

馬歇爾・盧森堡博士(Marshall Bertram Rosenberg)在他的《非暴力溝通:愛的語言》(*Nonviolent Communication: A Language of Life*)一書中,便曾紀錄了一個令人印象深刻的案例。

馬歇爾曾到巴勒斯坦的伯利恆德黑薩難民營中的一個清真寺進行演講。當時,美國面對中東問題時,立場偏袒以色列,為了支持以色列,美國給了以色列許多武器,而以色列是巴勒斯坦的死對頭。戰爭導致許多巴勒斯坦人無家可歸,因此這些難民對美國充滿憤怒,對待美國人並不友好,馬歇爾這個美國人自然遭受到敵視……。

當時,聆聽馬歇爾演講的聽眾們,是一群巴勒斯坦的穆

斯林男子，大約有一百十七多人。演講過程中，一名男子突然站起來，對著馬歇爾大聲喊道：「殺人犯，滾出去！」其他聽眾紛紛附和起來，一邊喊著殺人犯，一邊讓馬歇爾滾出去。現場的氣氛一下子變得緊張起來，馬歇爾如果不馬上離開，局面很有可能失控，發展下去甚至可能釀成悲劇。

但馬歇爾沒有離開，而是試著和這名喊他「殺人犯」的男人溝通：「你這麼生氣，是因為想要美國政府改變使用資源的方式嗎？」

男子則說：「天啊，我當然很生氣！你們以為我們需要催淚彈？我們需要的是排水管，不是你們的催淚彈！我們要的是房子，我們需要建立自己的國家！」

馬歇爾接著再問道：「所以你很憤怒，你想要得到一些支持來改善目前的生活條件，並且在政治上變得獨立？」

男子回答他：「你知道我們帶著小孩在這裡生活了二十七年是什麼感覺嗎？你對我們長期以來的生活狀況有一點點瞭解嗎？」

馬歇爾說：「聽起來，你感到很絕望。你想知道，我或是別人是不是能夠真正地瞭解這種生活的滋味？」

男子說：「你想瞭解嗎？我告訴你，你有孩子嗎？他們上學嗎？他們有運動場嗎？我的兒子，他們就在水溝裡玩

耍，他們的教室裡沒有書，你見過沒有書的學校嗎？」

馬歇爾回應：「你在這裡陪著孩子，可孩子卻過得那麼痛苦，你想告訴我，你只是想得到一個好的教育環境，來讓你的孩子玩耍和成長，這也是所有父母想要給孩子提供的。」

男子說：「這是最基本的人權，這不是你們美國人經常掛在口頭上的人權嗎？為什麼不讓更多的美國人來看看你們給這裡的人帶來了什麼樣的人權！」

馬歇爾再回應說道：「你希望更多的美國人能瞭解你巨大的痛苦，是嗎？這樣我們便能意識到我們政治活動造成的後果，是嗎？」

馬歇爾和這名男子的對話持續了將近二十分鐘，期間，那名巴勒斯坦人一直在表達自己的痛苦，而馬歇爾則在認真傾聽他說的每句話，並試圖去理解他的感受，瞭解他的情感和需求，撫慰他的情緒。最後，這位巴勒斯坦人的憤怒情緒漸漸平復，他開始願意聽馬歇爾演講。一個小時後，這位將馬歇爾稱為「殺人犯」的男子，甚至主動邀請馬歇爾去他家享用豐盛的齋月晚餐。

我們在傾聽時，極易受到自身想法的影響，然後帶著執念去傾聽，也就是在對方開口表達時，我們心中已有既定的想法；當對方剛開始傾訴時，我們就試圖用自己的想法控制

或引導對方接下來想要表達的內容，甚至不想繼續聽下去，進而變成漫不經心或挑剔地聆聽。

這兩種傾聽方式都會引起傾訴者的反感。

其中，尤以漫不經心的傾聽方式更加傷害傾訴者的自尊心，而挑剔地聆聽則會使傾訴者覺得傾聽者略顯失禮，從而使傾訴者心生戒備。

馬歇爾來到清真寺進行演講，他總是花很長時間提前準備，希望透過演講來宣傳理念。可這次演講出了一個意外，一個男人跳出來說他是殺人犯，這是巴勒斯坦人對美國人普遍的仇視。

在接下來的交流中，如果馬歇爾不放下自己的想法，認真傾聽這名男子想要表達的憤怒，又或是表現出漫不經心或挑剔的模樣，這

勢必會讓這名男子更為憤怒，而這種憤怒會迅速傳染給在場的其他人，那麼場面恐會變得難以收拾……。

然而馬歇爾並未試圖控制或引導這場談話，他改以認真且謙遜的態度去傾聽男子的訴求，放下自己的想法和經驗，給予對方充足的空間讓他表達，他甚至還帶著開放的心態去理解。隨著溝通不斷深入，兩人之間建立了共情關係，在共

共情力與同理心

情的基礎上，他們可以更加理解對方，男子也開始願意聽馬歇爾演講，並認同他的演講內容。

於是在演講過後，這名男子不再將馬歇爾視爲可惡的美國人，而是一個可以理解他對美國人憤怒的朋友，最終，他向馬歇爾提出邀請，請他一同前往自家去享用豐盛的齋月晚餐。

開放心態細細聆聽，確保不下錯誤判斷

在傾聽過程中，如果我們放不下自己的想法，總是帶著過往的經驗去傾聽，那麼我們的共情力就會在很大程度上被削弱，我們會很難實踐共情式傾聽。如果總是帶著這種封閉的心態去傾聽，我們就會產生一種錯覺，總覺得自己很瞭解對方，掌握了對方的所有資訊，實際上這是一個錯誤的判斷，只會招來對方的反感。

傾聽主要分爲四個層次。

第一層次的傾聽是**心不在焉地聽**。傾聽者在傾聽的過程中顯得心不在焉，幾乎不會注意到傾訴者的說話內容，心裡想著其他毫無關聯的事情，或者內心只想等著對方說完進行辯駁。心不在焉的傾聽者的注意力不是放在傾聽上，他迫不及待地想要讓對方趕緊說完，然後自己說話。心不在焉地傾

聽是一種極其危險的傾聽方式，它會導致人際關係的破裂。

第二層次的傾聽是**被動消極地聽**。傾聽者在傾聽的過程中顯得消極而被動，他常常對傾訴者產生誤解，只將注意力集中在傾訴者的說話內容上，而錯過了傾訴者的表情、眼神等肢體語言，因此被動消極地傾聽通常會導致誤解出現，雙方無法進行真正的交流。而且，在被動式傾聽中，傾聽者為了表示自己正在傾聽，通常會通過點頭來回應，這可能會導致傾訴者產生誤會，認為傾聽者完全聽懂了他說的話。

第三層次的傾聽是**主動積極地聽**。傾聽者在傾聽過程中，能以主動積極的態度去聽對方講話，專心地注意對方，認真傾聽對方講話的內容。這種層次的傾聽雖然會使傾訴者感覺自己被尊重，也能引起傾訴者的注意，但雙方之間很難產生共鳴，傾訴者通常不會有自己被對方理解的感受。

第四層次的傾聽是**共情式傾聽**。共情式傾聽與積極主動地傾聽不同，它要求傾聽者不只要帶著耳朵去聽，更要用心聆聽，這是最好的傾聽方式。這種傾聽者在傾聽過程中，能從傾訴者所說的話語中，找到對方最感興趣的部分，進而取得關鍵資訊。**共情式傾聽者在聆聽對方陳述時，通常不會急著下判斷，而是試著感受對方所要表達的情緒、情感，設身處地理解傾訴者想表達的內容，最後再總結對方傳遞的資訊。**

共情力與同理心

最關鍵的是，共情式傾聽者還會有意識地捕捉對方的非語言線索，通過詢問的方式來回應對方，而非辯解或質疑。共情式傾聽能促進雙方建立良好的人際關係，因為雙方能從交流中感受到理解和尊重。在上述案例中，本來仇視馬歇爾這個美國人的巴勒斯坦人，因為馬歇爾的共情式傾聽而感受到自己被理解和尊重，所以他在傾訴的過程中漸漸放下戒備，當馬歇爾進行演講時，他更會試著去理解，並且認同演講的內容。

放下執念後再聆聽，溝通才能有正向循環

美國著名作家馬克・吐溫曾說過一句話：「如果你身上唯一的工具是一把錘子，那麼你會把所有的問題都看成釘子。」

而美國著名的投資家查理・蒙格（Charles Thomas Munger）則是根據馬克・吐溫的這句名言總結出一種十分常見的現象：即人們在經過長時間的專業培訓後，會成為經濟學家、工程師、行銷經理、投資經理等等。某人一旦瞭解並熟悉某項專業領域的思維模式，那麼他在處理事情時，就會嘗試用自己的專業思維模式來解決，蒙格認為這種現象就是「拿錘子的人」。也就是說，**拿著錘子的人，看什麼都像釘子**[1]。

「錘子思維」在現實生活中十分常見，我們很容易陷入錘子思維的心理誤區中，例如常見的專業偏見，我們常常忍不住使用自己專業領域的方法，去解決其他領域中毫不相干的問題，並且會慢慢習以爲常。舉一個簡單的例子，有一個人申請了銀行貸款，成立了一家公司。不久之後，由於經營不善，公司倒閉了，這個人便在絕望之下自殺了。至於公司爲什麼會倒閉，不同的人會給出不同的分析。

　　某位經濟學家會覺得，公司倒閉是宏觀經濟形勢不好，或者市場競爭太激烈；某位金融專家則覺得這根本就是貸款的問題，貸款可能不是一種正確的融資方式；而一位某地方小報的記者乾脆猜想公司倒閉、負責人自殺，這背後肯定有什麼難言之隱，或者有不可告人的秘密，可能這個人私下裡參與了賭博，結果欠下了巨額債務，遭到了債主追殺……。其實這三個分析者都是個別站在自身的專業領域進行分析，手中拿著的是自己專業領域的「錘子」，分析結果自然會帶著偏見。

　　在交流過程中，我們也很容易受到錘子思維的影響。如果一個人已經有了他自己的想法，那麼他將不再對他人想說什麼感興趣，他的共情力會大大削弱。帶著錘子思維去傾聽，很容易出現試圖控制或引導溝通的情況，因爲他在傾聽的時候已經有了自己的想法，並認爲自己的想法才是正確的。

我們只要拋棄錘子思維，放空自己，就能專心聽對方講話，這種專心傾聽的態度會使對方感到被尊重，他會覺得自己傾訴的內容很重要，認為自己得到了理解，這個時候共情就產生了，在共情的基礎上，傾訴者會迫不及待地表達自己。如果傾聽缺少共情，傾聽者就無法在傾聽過程中專心聽對方講話，也無法拋下自己的想法，這時傾訴者能清楚感覺到對方不專心，容易導致誤解、衝突。

銷售其實就是聆聽，而非主觀表達意見

共情式傾聽建立在進入對方立場的基礎上，而非帶著自己的想法，試圖控制談話內容。在銷售中，如果業務員總是不停地推銷商品，滔滔不絕、誇誇其談，不僅會使客戶反感，還無法掌握客戶的各種資訊。一個不懂得傾聽客戶訴求的業務員，往往容易引起對方的反感，因為客戶感受不到業務員的尊重。其實**真正的銷售高手會放下自己心中的「錘子」，試著與客戶建立共情式溝通的關係，也就是說，銷售高手往往都是傾聽高手。**

在人際交往中，溝通是再正常不過的社交方式，大家藉此交換信息、聯絡感情。溝通與辯論或演講比賽不同，它並非單方面的輸出，而是一個互動的過程。因此我們在溝通過程中，只有借助共情力才能耐心傾聽對方講話，而當傾聽者

做出認真傾聽的樣子時，無疑在向對方傳達一個資訊：你是一個值得我傾聽你講話的人。這樣一來，在無形之中就提高了對方的自尊心，對方會因為你的尊重而感激，從而加深彼此間的感情，使得溝通能夠和諧融洽地繼續下去，也有利於建立共情關係。

每個人都希望自己講話時，對方能認真傾聽，並把注意力都集中在自己身上。當我們成為傾聽者時，我們也應該保持良好的狀態去傾聽對方講話，而非隨意打斷對方。

共情式傾聽尤其忌諱隨意打斷對方講話、迫不及待地表達自己的意見。例如當聽到對方說到某個問題時，傾聽者發現自己知道很多，所以忍不住想接過話題來發表意見或看法，這就是一種不尊重對方的表現，或許對方想要表達的和你想到的內容並不一樣，傾聽者應該拿出耐心讓對方表達完畢，這樣才能完全聽懂對方想要表達的內容是甚麼。

1.被稱作「工具定律」、「馬斯洛的錘子」，是亞伯拉罕‧馬斯洛在一九六六年提出的觀念，意指對某個熟悉的工具過度依賴的結果。

共情力與同理心

讓「心理」互相交換位置

總以自我為中心的心態進行溝通,那就無法完成共情式傾聽。

　　小軍與妻子莉莉剛結婚不久,他們的性格迥異,小軍是個不愛說話且相貌並不出眾的男人,莉莉則是生性熱情開朗且美麗。某一天,小軍告訴莉莉,他的堂弟大強準備北上找工作,小軍想招呼朋友來家裡吃飯,順便將大強介紹給大家認識⋯⋯。席間,由於小軍性格內向,莉莉就主動將大強介紹給在座的朋友。這時,朋友們的注意力都集中到小軍、大強和莉莉的身上,與其貌不揚的小軍相比之下,大強因身材高大顯得格外具備男性魅力,於是就有人說了一句玩笑話:「看看,莉莉和大強才是天生一對。」小軍一聽馬上生氣了,將酒杯摔到地上然後就離席了,本來熱鬧的聚餐瞬間變得尷尬,客人們只好紛紛找藉口趕緊離開。

　　事後,莉莉安慰小軍並勸他當時不該那樣做,別將一句

玩笑話當真，她還說這樣會顯得他很小家子氣。莉莉說話的語氣很不好，還對小軍的行為充滿鄙視和氣惱。可小軍卻一直放不下此事，總擔心有男人靠近莉莉……。就在此時，大強搬到隔壁，原來大強初來乍到，總是找不到合適的房子，就托莉莉在隔壁租屋。小軍得知此事後十分生氣，可他不敢將自己的想法告訴莉莉，生怕莉莉會再次生氣、罵自己小家子氣，於是選擇了繼續忍耐……。

然後就在某天傍晚，莉莉在幫手機充電時，驚覺插座竟然冒煙，充電線很快地便燒了起來，莉莉驚慌失措地呼救，而當時大強正好在隔壁洗澡，聽到莉莉的呼救聲後，他穿了一條短褲就趕過來救火。等到事故排除後，大強準備回租屋處，此時正好碰到小軍回家，看到此一景象後誤會兩人，立馬揮拳揍了大強。

挨打的大強莫名其妙地問：「大哥，你這是怎麼了？」

小軍憤怒地盯著兩人說：「這就要問你們自己了。」

至於被誤會的大強十分生氣，卻不知道說什麼。倒是莉莉一怒之下甩了小軍一耳光：「你算什麼男人！你不放心我，還不放心你弟弟？」

後來誤會雖解釋清楚，但小軍依舊不放心，堅持要大強搬走，而大強為了不讓堂兄猜疑自己，答應很快就搬走。可

共情力與同理心

莉莉卻被先生的言行激怒，堅持不同意大強搬走，表示大強初來乍到，人生地不熟，就這樣讓他搬走似乎顯得太不近人情，而且她認為大強若搬走，那豈不是正好應了「此地無銀三百兩」這句話，畢竟兩人本就是清清白白的。

莉莉的阻撓，使得小軍更加懷疑她和堂弟兩人的關係。

小軍決定監視莉莉，以身體欠佳為由放下工作，專心窩在家裡待著。莉莉因此越發看不慣先生的行徑，早在和小軍結婚前，莉莉就發現小軍是個小心眼的男人，但她因為小軍對自己情有獨鍾，覺得這是一種愛自己的表現，所以她最終還是答應和這個其貌不揚的男人結婚。可是現在先生的種種偏差行為卻讓她厭惡不已，她覺得先生就是一個自私、多疑、佔有欲強且偏激的男子。

事情發展到最後，大強為了消除堂哥的猜疑，不顧莉莉的勸阻還是很快地便搬走了。大強離開後，小軍終於放心外出工作，可他卻沒有完全放心，仍時刻留意莉莉的去向。莉莉在得知大強搬走後，心裡過意不去，找時間就會去看望大強，想向他解釋一下。而正當小軍得知莉莉主動去找堂弟時，他立刻跟去，一看到大強就湊上前去給了一拳，甚至口口聲聲說大強勾引莉莉……。大強觀察堂哥的反應，心裡覺得很委屈，解釋說：「堂哥請你相信我，也不要再打了，因為若我還手，你還真不是我的對手。」

大強的這番話徹底激怒了小軍，他覺得大強是故意貶低自己，強調他身材高大，於是小軍衝著大強喊道：「我知道我不是你的對手，可我敢和你拼命！」說著小軍就開始不斷打大強，大強只能抱著頭一動不動。而莉莉看大強不還手，便開始護著大強，這個舉動令小軍更加氣憤，他無法忍受莉莉竟然幫著大強。而就在大強準備離開時，小軍給了大強一記悶棍，大強因骨折重重摔在地上……。

　　小軍此時已完全失去理智，他拉著莉莉準備離開。可莉莉看著倒在地上的大強不忍心，她對小軍吼道：「我不能和你回家，我要送大強去醫院。」

　　小軍一聽更加惱火：「你還真捨不得他。」

　　莉莉回答說：「你把他打成這樣，我怎麼能和你一樣狠心一走了之。看來，你不僅人長得醜，心更毒。既然你對我這麼不放心，我就和你離婚。」莉莉當時也很生氣，於是一氣之下向他提出離婚。但其實她並非真心想和小軍離婚，可小軍竟當真了，準備回家收拾行李後便離開算了。

　　小軍走了幾步，忍不住回頭看看，這時他發現莉莉正攙扶著大強上救護車準備去醫院，心碎不已的他終於下定決心離開。

　　之後的幾天，莉莉一直留在醫院照顧大強所以並未回

共情力與同理心

家，這使小軍對莉莉更加失望，他覺得莉莉是鐵了心要和自己離婚，於是就在某一天晚上，無法接受這個事實的小軍，服毒自殺了。

無法克服既有執念，性格缺陷讓你更困苦

小軍之所以會走上絕路，與他的嫉妒心理密不可分，他總覺得自己在相貌上與妻子並不相配，所以當有人拿莉莉和堂弟開玩笑，他會生氣並懷疑妻子與堂弟兩人的關係。但真正釀成這個悲劇的根源不只是嫉妒心作怪，還有自我中心意識。

自我意識過強是人際交往中的一大障礙，尤其會影響雙方的溝通。「自我中心」（Egocentrism）這個概念首先是由瑞士的心理學家尚‧皮亞傑（法語 Jean Piaget）提出。「自我中心」具體是指一個人只從自己的角度、用自己的眼光和感情去看待周圍的世界、處理所遇到的問題。通常情況下，自我中心傾向在兒童身上十分常見。也就是說，每個人在幼年時期都會表現出強烈的自我中心傾向，認為自己是世界的中心，自己的看法是對的，並且無法接受別人以不同的角度看待人或事。

在兒童成長的過程中，自我中心意識的出現是必不可少

的，這是一個進步，意味著我們能將自己作為主體從客體中分離出來。隨著年齡的增長，自我中心意識會漸漸消退，我們會意識到以自我為中心是一種幼稚的表現，它會阻礙我們進行社交，因為沒有人願意和一個以自我為中心的人交朋友。可這並不意味著每個人的自我中心意識都會隨著年齡的增長而消失，每個人的成長經歷不同，因此他的自我中心意識也會有著程度上的不同，並持續存在著。

一個成年人若無法克服自我中心的心理，他就會成為一個自我中心性格的人，無法清醒地認識客觀事物，無法理智地看待周遭發生的一切。他在與他人進行感情交流時，無法做到理解對方，只想站在中心位置；他在交流過程中，總是滔滔不絕地講個不停；他會在傾聽時忍不住去打斷對方，無法與對方產生共情。

一個自我中心性格的人，如果想要成為一個共情式傾聽者，那他首先必須克服自我中心思維，學會心理互換，這樣才能與他人相互理解。

所謂「心理互換」就是人與人之間在心理上互換位置，通俗點說就是將心比心、己所不欲勿施於人。在人際交往中，心理互換尤為重要，如果我們能對對方所遇到的問題設身處地地想像、理解，站在對方的位置、角色、情境去思考，那麼我們就能與對方產生共情，能深刻地體會到對方表現出某

共情力與同理心

種言行的原因。可對於自我中心性格的人來說，心理互換常常很難做到，遇事時的第一個反應往往就是以自己的心態去看待問題、對待他人，這樣自然難以產生共情。許多人際交往中出現的問題，多半都是因為沒有及時進行心理互換而產生的。

自我中心意識過強，相互理解難上加難

在上述案例中，小軍、莉莉、大強都存在不同程度的自我中心意識，這種自我中心意識阻止了他們進行心理互換。其實早在一開始在聚會上，小軍的朋友就不該開玩笑，他的那句玩笑話在他看來只是閒扯，但他並未站在小軍的立場上去理解他的感受。此外，小軍也沒有理解妻子的心意，更未理解堂弟的處境，所以他會猜疑兩人的關係。最後則是大強，他也沒有站在堂兄的立場及時和堂兄溝通，在堂兄本就對他和莉莉兩人關係心存懷疑的情況下，大強還找莉莉幫忙，並且搬到隔壁居住，實屬不智。

在這三個人當中，莉莉的自我中心意識表現得最為明顯。莉莉會選擇和小軍結婚，就是因為小軍對自己情有獨鍾，凡事都會順著她，萬事以她為中心，她基本上不用太在乎先生的感受，因此當夫妻二人出現問題時，莉莉只會站在自己的立場責怪先生，反而不會與先生進行有效的溝通。

莉莉顯然是個自我中心性格的人，所以她在面對夫妻問題時，只站在自己的角色、位置去考慮，完全以自己的心態來看待問題、對待他人，根本不會心理換位。其實莉莉若能跳出自我中心的侷限，換位思考地幫先生多考慮一下，那她早就該在客人開玩笑時馬上為先生解圍，理解先生受辱的感受，而非鄙視，責怪先生太小家子氣。

莉莉的不理解和鄙視，導致這個小矛盾逐漸擴大。

後來，大強向莉莉求助，莉莉覺得應該幫助他，於是讓大強住在隔壁。其實莉莉若真在意先生的感受，應該是先與先生商量此事，幫堂弟重新找一個住處才對。倒是莉莉堅持清者自清，就要讓堂弟住在隔壁，而當電線走火造成誤會時，莉莉更未即時解釋，反而直接給了先生一耳光。並在堂弟搬走後，因為心裡過意不去，所以準備前往探望……，此時她完全可以邀請先生一同前往，而非單獨前去。

最後，在先生將堂弟打傷後，莉莉本該好好勸慰先生，讓先生留下來和她一起照顧受傷的堂弟，可她不僅沒有這樣做，還一氣之下乾脆提出離婚。莉莉對先生的言行感到生氣，致使她更加不會心理互換，所以在醫院照顧堂弟時，莉莉拒絕回家和先生好好溝通。

「溝通」是人際交往中的重要關鍵，若總帶著自我中心

共情力與同理心

的心理與旁人溝通，你我就無法做到「共情式傾聽」。共情式傾聽不是單方面的，而是需要雙方有來有往，這恰恰是自我中心性格的人的缺陷所在，因爲自我中心心理的影響，他無法成爲傾聽者，只會不停地講話，毫不關心對方是否想要表達。因此自我中心性格的人如果想要成爲共情式傾聽者，就必須學會與對方進行心理互換，跳出自我中心的心理，這樣才能做到相互理解。

第 **4** 章

共情障礙：錯誤的人際互動，
讓你深陷壓力之中……

在一連串複雜的刻板印象和心理偏見雙重影響下，人們的同理心
會被削弱，理解對方的能力也隨之下降，這就是共情障礙。

若想真正成為一位具備同理心的人，請務必記得收起既定的執念
與偏見。

由 Joe 在 Pixabay 上發佈

共情力過強，煩惱多更多……

每個人的情緒底線，會因關係的親密與否而出現彈性調整。

　　美國女歌手 Lady Gaga（原名史蒂芬妮）出現在公眾面前時總是化著大濃妝，踩著恨天高，扮相驚人，給人一種瀟灑、狂野之感，但在一部紀錄片中，史蒂芬妮展現出了她日常生活中的另一面，這次她沒有誇張的妝容，只是穿著簡單的白 T 恤，牛仔短褲，化著淡妝，梳著簡單的馬尾辮。

　　紀錄片中的史蒂芬妮充份表現出自己脆弱而柔軟的一面。她在聊起自己日常生活中經歷的一些事情時，甚至會忍不住哭泣，就像一個不會掩飾自己情緒的小女孩。史蒂芬妮曾患過一場大病，當時的她被巨大的壓力和低落的情緒折磨著，會全身痙攣，也會因無法忍受疼痛而哭泣。

　　在史蒂芬妮病情發作接受治療時，她一邊因疼痛而哭

共情力與同理心

泣，一邊想著其他患者，她說自己賺錢比其他人容易，金錢可以幫助她及時接受治療，可就算如此她還是被折磨得很痛苦，她這種情況尚且還覺得很難熬，那麼其他頂著經濟壓力的患者將會更加難熬。

史蒂芬妮的姑姑是一個非常有音樂才華的女孩，可惜得了紅斑性狼瘡，早早離開了人世，史蒂芬妮為了紀念死去的姑姑，特地為她創作了一首歌曲，並讓奶奶聽這首歌。聽歌的時候，史蒂芬妮十分同情姑姑的遭遇，忍不住哭泣起來，而經歷女兒去世的奶奶卻不得不堅強地安慰不停哭泣的史蒂芬妮。

在一次演唱會開始前，史蒂芬妮和大家一起辛苦排練。休息期間，助理安慰史蒂芬妮說：「辛苦了」

史蒂芬妮卻表示，她賺到了很多錢，辛苦是理所當然的，真正辛苦的是那些舞群。在演唱會開場前，史蒂芬妮還專程鼓勵舞群們，因為她覺得舞群們更加辛苦。史蒂芬妮顯然有很強的共情力，她能很容易地體會到他人的情緒和感受，因此她總是受到消極情緒的影響，甚至將無關的責任攬在自己身上，例如遭遇未婚夫分手、閨密罹癌的糟糕經歷時，史蒂芬妮總是將原因歸結到自己身上，她覺得自己不夠好，所以美好的事物總會離開自己。

只顧承擔他人情緒，忘記自己才是根本

這世界上就是有這樣一些人，他們特別擅長覺察別人情緒的變化，不管是誰，只要對方的情緒出現一點點反常，他們就能敏銳地捕捉到，即使周圍的人根本沒有察覺到異樣。他們不僅能察覺到別人情緒的變化，自己也會受到這些情緒的影響。這些人並不缺乏共情力，相反地，他們的困擾是共情力已然強大到會影響自己的生活品質，他們不單要承擔自己的情緒，還得兼顧旁人的情緒。而這些過度共情者，通常有以下幾種表現：

第一，**在人際交往中，過度共情者能敏銳捕捉到他人並未注意的細節，他們對細節的敏銳度很高，而且會針對捕捉到的細節進行思索、解讀。**例如當過度共情者向一個人求助時，對方哪怕只出現了一瞬間的遲疑，過度共情者也會捕捉到，並且他們會對對方的遲疑進行解讀，懷疑自己的求助給對方帶來了麻煩。

第二，**過度共情者會帶著放大鏡去觀察他人的情緒變化，一旦對方的情緒出現變化，他們就能立刻察覺，尤其是悲傷、憤怒、失望之類的消極情緒。**在他們面前，任何人都無法隱藏自己的情緒，即使對方一直表示自己沒事，過度共情者也依舊可以透過對方平靜的外表，察覺到對方內心的情

共情力與同理心

緒變化。

第三，**過度共情者能敏銳感受到對方情緒，並且深受對方情緒影響，他們會不自覺地照顧對方情緒，試圖讓對方開心起來。**爲了讓對方開心，他們會努力取悅對方，甚至犧牲自己的利益，只爲安撫對方的消極情緒，似乎對方開心了，他們就不必再被對方的消極情緒影響。因此過度共情者很容易成爲一個老好人，在與他人相處時小心翼翼地照顧對方的情緒，無法將自己與他人的情緒分離開來。

第四，**過度共情者容易陷入他人的消極情緒中，每當他人被消極情緒困擾，過度共情者所感受的消極情緒往往會比對方更強烈，一心只想著如何幫助對方擺脫負面情緒的影響，即使對方並未向他求助……。**例如過度共情者在觀看一部電影時，很容易入戲太深，讓自己沉浸在電影主角的消極情緒中無法自拔。有一部分過度共情者屬於高敏感人群，研究顯示大約有二成的人屬於高敏感者，他們有著異常敏感的大腦，能感受到聲音、氣味等任何細微的外部刺激，當然還包括他人的情緒。

原生家庭的差異性，讓過度共情出現變化

由於這種異常敏感的感受力，他們在面對正面或負面的外部刺激時都會產生十分強烈的反應。與異常敏感的過度共

情者不同，還有一些過度共情者並非天生，而是受到後天環境的影響而形成的，其中在以下兩種類型的家庭環境中長大的人，更容易被過度共情影響。

第一種，**雙親情緒不穩，且難以控制自己的情緒**。這種父母會經常向孩子或其他家庭成員發洩自己強烈的情緒，還可能出現言語或肢體暴力。

此外患有邊緣型、自戀型或表演型人格障礙的父母也會出現情緒不穩定的情況。如果父母情緒不穩定，那麼孩子就會產生一種危機感，常常處於一種驚恐或焦慮的狀態中，因為他們不知道父母為什麼情緒失控，於是只能小心翼翼地觀察父母的情緒變化。還因為情緒變化往往意味著危險，於是他們得幫助父母控制情緒，例如當覺察到父母的情緒出現變化時，他們會特意討父母歡心，有的孩子甚至還承擔起照顧父母情緒的責任。

在這種環境下長大的孩子，會擁有過度共情的能力，他們的這種能力並非是為了與他人產生共情，感受他人的情緒，而只是一種自我保護機制。因為他們必須在第一時間察覺對方情緒的細微變化，然後做好應對準備，才能防止自己受到傷害。

對於這種過度共情者來說，對方的消極情緒會使他本能地感到危險，他們會產生條件反射式的不安與焦慮。因此為

共情力與同理心

了消除自己的不安與焦慮，他們所能做的就是在覺察到對方的消極情緒時，安撫好對方的情緒，只有對方開心了，他們才會覺得自己安全了，否則他會時刻感覺自己處於危險之中。總之，此種類型的過度共情者需要確保他人情緒平靜、快樂，他才能感覺到安全。

第二種，**父母親態度苛刻、管教過度嚴厲，容易養育出過度共情的孩子**。這種類型的父母往往對孩子有著很高的期望，會嚴格要求孩子，每當孩子出現錯誤或者沒有達到他們的期望時，他們就會嚴厲批評或懲罰孩子。可當孩子表現出色時，他們卻吝於讚揚孩子。

父母懲罰孩子的方式有很多種，常見的懲罰有口頭上的批評和情緒暴力。情緒暴力雖然不如口頭批評那樣直接，但卻更讓人覺得壓抑，因為這種懲罰會使孩子感到愧疚。例如當孩子未達到父母的期望時，父母會覺得焦慮、煩躁，於是借助歎氣、不和孩子說話等方式向孩子傳達「你表現得很糟糕，我對你很失望」的情緒。

在批評和情緒暴力的雙重影響下，孩子會漸漸將父母對自己的苛責內化，將批評當成外界對自己的客觀回饋，認為自己真如父母批評的那樣差。長此以往最終他會成為一個過度強調過失的人，不允許自己犯錯，因為犯錯的後果太嚴重。他還會對他人的情緒格外敏感，將對方的情緒當成對自己的

評價。當對方開心時，他會覺得對方對自己滿意；可當對方出現消極情緒時，他會認為是自己的某個過失導致對方出現了消極情緒，於是他會盡自己所能安撫對方的消極情緒。例如當對方表現出了生氣的樣子，他會立刻捕捉到，並開始思考是不是自己說得不對或做得不對，才讓對方生氣了。

總之，此類過度共情者會將他人的情緒當成對自己的評價，而負面情緒就是負面評價，他不想得到負面評價，因此他會努力消除對方的負面情緒。在任何一種關係中，個人邊界都十分重要且必要，每個人都是一個獨立的個體，需要對自己的情緒和行為負責，不要將這份責任推卸給他人，也不必將他人情緒和行為的責任攬在自己身上。

在一個健康的家庭模式中，家庭成員之間必須講究個人邊界，如果家庭成員間邊界模糊不清，那麼這個家庭勢必會產生不健康的相處模式。例如過度共情者過度關注他人的情緒和感受，無法將自己的情緒和對方的情緒分離開來，也意識不到每個人只需要對自己的情緒負責。

在上述兩種父母類型中，他們與孩子之間的個人邊界就存在模糊不清的問題，他們沒有和孩子保持適當的距離，也沒有將孩子視為一個獨立的個體去尊重。因此他們會培養出過度共情的孩子，這樣的孩子無法意識到別人的情緒可能與自己並沒有關係，也意識不到再親近的關係也要保持自身的

獨立性和自主性。

與人互動的界線，因關係緊密度而有差距

在人際交往中，共情力是必不可少的能力，共情力可以幫助我們察覺到他人的情緒、想法和感受，並站在他人的立場去理解、思考，我們想要處理好人際關係並享受人際交往，共情力必不可少。可過度共情不僅不利於人際互動，反而還會給當事人帶來壓力。過度共情者對他人的情緒敏感且反應強烈，他們無法分清楚自己的情緒和他人的情緒，並認為自己要對他人的情緒負責，有責任安撫他人的情緒。這會給他們的人際交往帶來很大的困擾，他們甚至會因此回避人際交往，而且他們自己也會因過度敏感而苦惱和焦慮。

過度共情者要想擺脫過度共情的煩惱，需要從以下幾個方面著手：

第一，**釐清這段情緒的來源**。對他人的情緒感同身受是每個共情者都會有的感受，但正常的共情者只是感受到了對方的情緒，而不是因對方的消極情緒而不安、焦慮，迫切地想要對方盡快擺脫消極情緒。例如一個人心情很糟糕，他只想一個人安靜一會兒，共情者在感受到他煩躁的情緒後，會給他一個安靜的空間，而過度共情者會想方設法讓對方變得開心起來，仿佛讓對方開心起來是他不可推卸的責任。

總之，共情力只是幫助我們感受到對方的情緒，我們明確知道自己受到了對方情緒的感染，而過度共情則是將對方的情緒視爲自己的情緒，並且會因對方的消極情緒而不安、緊張和焦慮。

第二，**確定他人的情緒是否與自己有關**？過度共情者在敏感地察覺到他人的情緒變化後，會害怕、焦慮、不安，或者擔心這是他人對自己的負面評價。這時他需要明確他人的情緒是否與自己有關，若無關，他就需要證實對方的情緒並非指向自己，自己不會因對方的消極情緒而受到傷害或得到負面評價。

爲了驗證這一點，過度共情者需要按捺住自己，不讓自己對他人的負面情緒立刻做出反應，例如不去取悅對方。

第三，**確認自己的底線，告訴大家只需對自己的情緒負責，無須爲他人的情緒負責**。我們每個人被各種各樣的人際關係包圍著，例如朋友、家人、戀人等。這些關係有疏遠的，也有親密的，可再親密的關係也要有個人邊界。

每個人都是獨立於他人的個體，即使你對他人產生了共情，也要明確個人邊界，例如當你對戀人的痛苦感同身受的時候，應該告訴自己：「這是他的情緒，他需要爲此負責，我可以站在他的立場去感受和理解他，給出一些建議，陪伴

他，但不能干涉他，不能讓自己深陷到他的情緒中。」總之，在人與人的相處中，個人邊界十分重要，當然，個人邊界會因關係的親密與否而彈性調整。

情感的連接 VS. 共情力發展

請試著與母親或養育者建立深厚的情感連結。

第二次世界大戰結束後，羅馬尼亞和許多遭受戰爭蹂躪的國家一樣，陷入了經濟困頓、人口銳減的困境。

一九六五年，尼古拉‧西奧塞古（Nicolae Ceauescu）上台，他打算發展經濟、增強國力，可他發現此時因為生產人口不足而無法開展活動。為了提高人口數量，西奧塞古廢除了以前關於個人可以自由流產的法律，實施了禁止墮胎的政策。很快，政府重新頒佈了一項法令，節育和墮胎被視為違法行為，墮胎者將會被判刑、囚禁，而且婦女月經期要接受嚴格的檢查和盤問。

在政府政策的影響下，生育成了每個家庭的頭等大事，不生育孩子的人會被視為背叛國家的人，而且按照規定每個

共情力與同理心

育齡婦女至少要生四個孩子。一時間，嬰兒如潮水一樣湧來，過多的孩子勢必會給家庭帶來沉重的負擔。個人和家庭無法負擔，於是大量的嬰兒被送到由政府出資修建的國家教養院。可隨著嬰兒的不斷增多，教養院出現了護理人員不足的現象。

為了解決這一問題，教養院只能用制度化的方式來管理嬰兒，嬰兒開始接受批量撫養，過早地開始了集體生活。他們每天必須7點起床，7點半接受餵食，8點換尿布，一個護理人員要照顧十個或二十個孩子，甚至是四十個孩子。每個孩子每天與其他人接觸的時間只有匆忙的幾分鐘，在這幾分鐘裡，他在被餵食或換尿布，而其他時間裡，他只能望著天花板、牆壁或小床的柵欄發呆。

一九八九年，羅馬尼亞發生政變，這些擠在教養院裡的孤兒們一下子曝露在世人面前，他們生活在衛生條件惡劣的擁擠環境中，不少孩子瀕臨死亡，活著的孩子都存在嚴重的心理、生理疾病。該事件經過報導後震驚了全世界，從那之後的二十年內，教養院裡的許多孩子被送往美國、英國和加拿大的家庭生活。雖然領養家庭為這些孩子提供了良好的成長環境，也很關心他們，可他們還是出現了許多行為問題，例如無法與人交流，總是獨自坐在角落裡，甚至出現像自閉症一樣的某種刻板行為，比如不停地前後搖晃身體。

每個人在成長過程中，對母親或照料者產生情感上的依戀十分重要，這份依戀不僅能促使我們健康成長，還有助於我們發展出社會性情感，特別是有助於共情力的發展。在羅馬尼亞的教養院內，孤兒根本不可能與護理人員產生情感上的依戀，所以他們即使僥倖活了下來，在成年後也會出現許多心理障礙和行為問題，即使收養家庭的父母努力關心他們，溫暖他們，他們也無法與之產生共情。

生命早期缺乏情感聯結，共情力發展也將受阻

　　早在一九四五年，美國精神分析學家勒內・斯皮茨（René A.Spitz）便曾研究過幼兒與母親之間的情感依戀。斯皮茨的研究是在美國的兩個兒童之家進行的，其中一個是孤兒院，另一個是監獄。

　　在孤兒院內，每個嬰兒待在自己的小床上，除了洗澡、換尿布和餵奶外，嬰兒幾乎接觸不到任何互動和刺激，護理人員很少抱嬰兒，基本不會與嬰兒產生肢體上的接觸。但這裡的衛生條件很好，食物也很充足。嬰兒渴望能與護理人員互動，有時會做出微笑等友好性動作，有時也會用哭喊來吸引護理人員的注意，但護理人員不會理睬他們，這在當時是很常見的照顧孤兒的方式。久而久之，孤兒不再發出聲音，變得安靜起來，整個人呆呆的，不會主動與周圍的人進行互

動，就好像一個沒有生命的布偶。而且孤兒院中嬰兒的死亡率很高，許多孤兒在兩歲前就死去了。

與孤兒院相比，監獄的環境要差許多。在一所特別的監獄裡，有一個兒童之家，這裡關押著身為人母的犯人，她們的孩子就被安排在監獄的兒童之家裡，不過按照規定，這些母親每天都有時間看望孩子，在這個時間段內，每位母親會和自己的孩子互動，如擁抱、玩耍。在這裡，孩子們更為健康，很少會像孤兒院裡的孩子那樣呆若木雞。

二十世紀五O年代，英國發展心理學家約翰‧鮑比（John Bowlby）提出了著名的「依戀理論」（attachment theory），在他看來，生命早期的依戀會對一個人的情感和心智發展產生關鍵性的影響。鮑比用依戀理論解釋了斯皮茨所發現的現象，他認為一個人只有在嬰幼兒時期與母親或養育者建立依戀關係，從而發展出深厚的情感，他才可能成長為一個心理健康的人，否則就會出現許多問題。在幼兒時期，行為問題並不顯著，主要表現為進食障礙和生理問題。可隨著年齡的增長，他的行為問題會變得越來越嚴重，與其他人相比，他的智商更低、語言技能差、攻擊性強、不合群、難以與他人相處。

鮑比還提出，**嬰兒在一歲以前，必須與母親或養育者建立深厚的情感**，因為在這期間，他開始學習基本的人類溝通

技能，例如解讀面部表情等。如果在這一時期，嬰兒被迫與母親分離，或者無法與母親互動，那麼他在長大後就會出現許多行為問題，例如變得更暴力，一點點壓力就會使他變得暴躁無比。

人是社會性動物，尋找情感聯結是每個人的本能，羅馬尼亞教養院和斯皮茨的研究都說明情感聯結比生理需求更重要。情感聯結的本能，使我們從出生起就渴望依戀他人，我們的依戀物件通常是母親，母親不僅為我們提供食物，照料我們的生活，更重要的是她能與我們產生互動。

在良好的母嬰互動中，我們學會溝通技巧，學會如何與他人建立情感關係，這些都是發展共情力的基礎，更有助於共情力的推展。如果一個人在生命早期缺乏情感聯結，那麼他在長大後與他人建立情感關係時將會遇到阻礙，他的共情力發展也會受阻。

共情力與同理心

沒有情感的共情力

情感冷漠症,無法與他人建立長期穩定的親密關係。

電影《壞種》(*Bad Seed*)的女主角艾瑪是個有著天使般容貌的九歲女孩,她學習成績優異且性格乖巧,但也表現出了不同於一般孩子的特點。與班上的其他孩子相比,她冷靜、冷酷、大膽,又十分擅長偽裝自己。當一隻大黃蜂飛進教室,同學們被嚇得尖叫、四處逃竄,老師不知所措時,只有艾瑪冷靜地走過去,拿個杯子將大黃蜂罩住,再拿紙抵住杯子下方,將大黃蜂送到窗邊放走。

艾瑪和父親生活在一起,她一出生母親就去世了,父親常年忙於工作,對艾瑪的照顧和關心也很有限。艾瑪似乎天生就是如此冷靜,冷靜到冷酷。她對外界的一切都是麻木的,沒有感情,所以她能將大黃蜂用杯子扣住放走,也能將貓溺死在噴泉裡,事後還若無其事地告訴父親:「有隻貓咪死

了……」

當一名女同學炫耀自己新買的漂亮手錶時，艾瑪在一旁冷冷地看著，之後她故意將女同學撞倒，在禮貌地將對方扶起來的瞬間，偷了對方的手錶。在學習上，艾瑪十分用心，且極端地追求完美，她的房間裡擺放了許多獎盃，她對學校即將頒發的聖奧登公民獎牌志在必得。

在獎牌頒發當天，艾瑪穿上了一條漂亮的裙子，在父親的陪同下來到了學校。讓人意外的是，校方和老師決定將獎牌頒發給一個名叫麥洛的小男孩，老師認為艾瑪雖然是班上學習頂尖的學生，但她似乎生活在一個和所有人不同的世界中，她從未見過像艾瑪這樣的孩子，似乎沒有任何生理恐懼。

但麥洛不一樣，麥洛雖然有很多缺點，學習成績很一般，但他活潑開朗，有許多朋友。在麥洛上臺領取獎牌時，艾瑪臉上的笑容一點點消失，她認為像麥洛這樣一個毫無能力，甚至連演講都講不好的人根本不配得到獎牌。

於是艾瑪展開了報復，她將麥洛騙到海邊的懸崖處，然後將麥洛推下懸崖，奪走了他的獎牌。幾個小時後，人們發現了麥洛的屍體。艾瑪的父親大衛在得知麥洛死亡的消息後，想要安慰一下女兒，畢竟麥洛是她的同學，他擔心艾瑪無法接受這個事實。但艾瑪顯得很平靜，她似乎對麥洛的死

共情力與同理心

一點都不在意，只是晃著腿一邊吃麥片一邊討論麥洛的死，甚至還一臉笑意。

大衛每天忙於工作，在照顧艾瑪的生活上有些力不從心，於是經人介紹給艾瑪找了一個保姆，這個保姆名叫克洛伊，是個年輕漂亮的女人。克洛伊並不是一個稱職的保姆，她在照顧艾瑪時馬馬虎虎，卻將心思都放在了大衛身上。在麥洛的葬禮舉行完畢後，他的父母發現兒子的獎牌不見了。艾瑪的老師艾理斯從其他學生那裡聽說，麥洛在出事前曾和艾瑪在一起，於是艾理斯來到了艾瑪家，向大衛和艾瑪瞭解情況。

當克洛伊偷聽到艾理斯描述的一切後，立刻懷疑上了艾瑪，她認為麥洛的死一定和艾瑪有關，後來她在艾瑪的床下發現了獎牌，就更加確認自己的猜測。起初克洛伊用獎牌的事來威脅艾瑪，讓艾瑪乖乖聽話。後來克洛伊將此事告訴了大衛，在大衛的質問下，艾瑪撒謊說：「她在和麥洛玩一個遊戲，麥洛輸了，就將獎牌借給自己戴。」

不久之後，艾理斯老師出車禍身亡的消息傳來。在艾理斯開車離開艾瑪家時，她的車上突然多了一個馬蜂窩，馬蜂飛出來蜇人，埃利斯在驅趕馬蜂的時候出了車禍。巧合的是，艾瑪家倉庫裡的馬蜂窩不見了。接二連三的詭異死亡事件讓大衛開始懷疑艾瑪，於是他帶著艾瑪去看心理醫生。艾瑪十

分擔長偽裝自己，於是她成功騙過了心理醫生，心理醫生在和艾瑪聊過後告訴大衛，艾瑪是個百分百正常的女孩。一天晚上，大衛和一名女子在外約會時突然得到消息，他家裡的倉庫失火了。

大衛匆忙趕回家後，得知家中的保姆克洛伊在倉庫裡被活活燒死，警方初步認定事故原因是克洛伊在倉庫吸煙導致失火。可事實上是艾瑪將克洛伊誘騙到倉庫，等克洛伊進入倉庫後，艾瑪將門窗牢牢鎖死，然後放火，在窗邊眼睜睜地看著克洛伊求饒，最後葬身火海。

冷靜下來的大衛開始覺得事情不對勁了，於是當天夜裡他就去質問艾瑪是否殺了這些人，艾瑪承認了，她直言不諱地告訴父親：「我沒做錯什麼啊，她是成年人，她該更好地保護自己啊。」大衛開始猶豫是否報警，最終他決定帶著女兒去湖邊小屋。

他發現女兒是一個天生邪惡的人，好像一個沒有感情的冷血動物，永遠不會變好，為了不讓她繼續作惡，他得想辦法解決。來到湖邊的小屋後，艾瑪發現了父親的心思，她當即決定要殺死父親。當發現父親給自己的咖啡裡放了安眠藥後，艾瑪調換了杯子，讓父親喝了摻入安眠藥的咖啡。而大衛一直有失眠的困擾，經常服用安眠藥，身體對安眠藥產生了抗藥性，所以他在半夜醒了過來，只是迷迷糊糊，身體不

共情力與同理心

太受自己控制。

當大衛發現艾瑪拿著槍對著自己時，他立即從艾瑪手中奪走了槍。這或許是艾瑪的計謀，她立刻逃離了房間，一邊打電話報警說父親想要殺死自己，一邊躲進了廁所。最後大衛破門而入，只是在大衛尚未來得及開槍前，就被趕到的員警射殺。

看到員警後，艾瑪無助地哭泣起來。天亮後，警方一邊處理現場一邊將艾瑪的姑媽帶到這裡，姑媽看到艾瑪後立刻將她抱住。在姑媽看來艾瑪一定嚇壞了，因為艾瑪看起來既傷心又害怕，可當姑媽抱住艾瑪時，艾瑪竟然偷偷露出了邪惡的微笑。

天生的情感冷漠症，具備某種流於表面的魅力

艾瑪顯然是一個讓人想要遠離的人，她雖然有著天使般的容貌，卻十分邪惡。無論是誰，只要威脅到她的利益，對她來說都是該死的。而且艾瑪缺乏感情，她無法理解其他人為什麼在看到死去的人和動物時會露出悲傷的表情。

艾瑪沒有正常人的情感，她能感覺到的只是麻木。

艾瑪屬於典型的反社會人格障礙者，她存在品行障礙，

反覆出現了具有攻擊性、反社會性的行為障礙，例如說謊、殺害動物和。反社會障礙者通常具有以下幾個特徵：自我為中心、不會感到焦慮或內疚、對自身行為所造成的影響缺乏醒悟、無法從懲罰中獲得教訓、情感貧乏、無法維持長期穩定的親密關係。當我們意識到自己做了一件壞事後，我們會感到焦慮和內疚。

感到焦慮是因為擔心遭受懲罰，感到內疚相當於自我懲罰，這是共情力在起作用。正因為能共情，我們才會感到內疚，**一個從未有過內疚感的反社會障礙者，自然不會與他人產生共情。**

如果艾瑪有正常孩子的內疚感和共情力，那麼她在將麥洛推下懸崖時，就會因麥洛的死而難過和內疚，因為她的行為給麥洛和他的父母帶來了傷害和痛苦。可艾瑪沒有，她反而為了掩蓋這一罪行，開始接二連三地除掉懷疑自己的人。

反社會人格障礙者的共情認知很大程度上是完好的，也就是說他們能識別出他人的感受、情緒反應，也知道自己的行為會給他人帶來什麼感受。可他的共情情感卻存在很大的問題，他無法從情緒、情感上感受，他的情感是匱乏的，沒有羞恥感、內疚感和焦慮感等高級情感能力。

再加上他總是以自我為中心，所以他會毫無顧忌地做出

共情力與同理心

傷害他人的事情來。例如艾瑪知道麥洛的死會讓他的父母痛苦，可她不理解他們為什麼會痛苦，她體會不到這種感受，她只知道自己想要麥洛的獎牌，麥洛那個膽小怯懦的人在她看來也不配得到獎牌。共情認知能力完好，恰恰是反社會人格障礙者的可怕之處，他可以借助這種能力，偽裝自己。

當得知艾理斯老師車禍身亡的消息後，艾瑪明明是高興的，因為她的陰謀成功了，她又成功消除了一個障礙，可她卻不得不反覆對著鏡子練習，做出悲傷的表情。艾瑪在殺死父親後，為了躲避員警的調查，故意偽裝得很害怕、無助，將自己從劊子手變成了無辜的人。

事實上，艾瑪根本不知恐懼是什麼滋味。當然，反社會障礙者並非全部像艾瑪一樣會做出違法行為，有的反社會障礙者在長大之後成功地適應了社會，隱藏在普通人當中。他們會偽裝成有著正常情感的人，可他們卻無法與他人產生共情。他們就好像「穿西裝的蛇」（a snake in a suit）[1]，看起來和普通人一樣，但實際上十分冷血，這種人生性冷漠、擅長撒謊、操控他人、為達目的不擇手段，且絲毫沒有愧疚感。

「穿西裝的蛇」屬於天生的情感冷漠症，他們的生理狀況與正常人不同，天生皮膚溫度低、心跳速度慢。這種天生的情感冷漠症雖然使他們缺乏共情力，卻有一種流於表面的魅力，也就是在初次接觸且不瞭解他們的前提下，這種人往

第 4 章 共情障礙：錯誤的人際互動，讓你深陷壓力之中……

往顯得很有魅力,他們聰明、迷人、愛冒險、野心勃勃。但隨著接觸的深入,我們很快就會發現這種人不誠實、不負責任、缺乏關心他人的能力,因此這種人無法與他人建立長期穩定的親密關係。

---

1. 這是由研究心理病態的羅伯特‧D‧哈爾（Robert Hare）和 Paul Babiak 共同提出,形容的是一群心狠手辣,沒血沒淚,但又人見人愛的心理病態者。

共情力與同理心

將他人視爲物品

病態自戀者素以自我為中心，「爭第一」是其人生圭臬。

　　靜雯的男友王強是個事業成功、個性豪爽的人，兩人曾是高中同學，後來又在同一所大學上學，自然而然地走在了一起。與王強的性格不同，靜雯是個慢性子的人，而且人也比較隨和。

　　隨著交往的深入，靜雯漸漸發現了男友性格的缺陷，她發現男友過度自信、唯我獨尊，對別人的意見很難聽進去，尤其不能聽到批評，否則就會生氣甚至謾罵。就在兩人準備結婚的時候，王強的性格缺點曝露得更加明顯，他開始對靜雯頤指氣使。結婚前有許多事情需要準備，例如買房子、裝修房子、發放請柬、訂酒席等。

　　在這些事情上，王強從來不會詢問靜雯的意見，他只會

自己一個人做決定，一旦他和靜雯的意見不合，靜雯就必須做出妥協，否則王強就會和靜雯爭吵。注意力完全只放在自己身上，在他看來，靜雯的存在就是為他服務的。王強的眼中只有他自己，他根本不在意他人的想法和感受，對他來說，他人是可以隨意利用的工具，即使這個人是他的妻子……。

其實，王強之所以會這麼想，因為他正是屬於典型的自戀型人格。

自戀分為健康的自戀和病態的自戀。人人都會自戀，因為我們需要依靠自戀而產生自我價值感，感受到自己值得被珍惜。但如果自戀過頭了，就會發展成自戀型人格，甚至是自戀型人格障礙，這屬於病態的自戀。病態自戀者過分地誇大自己，認為自己應該得到所有人的關注和稱讚，而無法接受批評。這種以自我為中心的自戀心態，導致**病態自戀者無法對自己以外的人產生共情，認為自己最優秀，其他人都不如自己，甚至還得臣服在自己腳下。**

病態自戀者總是表現得善變、冷酷無情，如果有人或事挑戰了他的自戀，他就會發脾氣，甚至還會因為一樁小事情發脾氣，表現出強烈的攻擊傾向。例如王強去餐館吃飯，他會要求服務生立刻幫自己上菜，而不是按照點菜的順序來，因為他覺得自己應該享有特殊的待遇。

共情力與同理心

習慣他人迎合自己，習慣以自我為中心

　　病態自戀者通常認為自己生來就比別人高一等，因此他們無法與他人建立一段良好、穩定的關係，對於他們來說，**旁人只是被他們利用、剝削和尋求心理平衡的對象，根本不值得被尊重**。他們只會建立剝削型的人際關係，就算關心他人，也只是因為對方有用。在病態自戀者看來，他人是可以被當作物品使用的，只具有利用價值。病態自戀者還經常誇大自我重要性，高估自己的能力、地位，誇大自己的成就，總給人一種自負、狂妄之感。在交流過程中，病態自戀者經常會不厭其煩、鉅細靡遺地討論和自己有關的事情，完全不在意他人的看法，也不會給對方講話的機會，對他們來說交流只是一場自誇的獨白，他們不想瞭解對方是否想要表達，當他人表達感受和需求時，他們也完全不會理會。病態自戀者為了抬高自己，會肆意貶低他人，甚至攻擊弱勢群體，因為在他們看來，其他人根本不需要尊重。**對於病態自戀者來說，「爭第一」是他們的人生奉行的信條**。凡是有競爭，必定有他們的身影，而且他們一定要成為最強的一個。病態自戀者還常常喜怒無常，經常能帶動他人的情緒，經常會表現出憤怒、攻擊性的一面，他們人格的情緒核心就是憤怒。

　　雖然病態自戀者的情緒十分充沛，隨時都能表達出自己

的憤怒、不滿，但他們的情感卻非常淡薄。這意味著病態自戀者無法與他人建立情感聯結，無法體會深刻的情感，他們所能體會的只是浮於表面的情緒。

很多病態自戀者都有很高的人氣，因為他們看起來十分迷人、有魅力、聰明。可他們無法與周圍的人建立長久、穩定的關係，凡是和他們接觸過的人都會覺得痛苦，因為他們只關心自己，無法與他人建立共情。

在一段重要關係中，雙向的互動十分關鍵，而雙向的互動需要建立在共情的基礎上。可對於病態自戀者來說，任何人際交往都是單向的，都必須以他為中心，其他人只需要為他們服務即可。在人際交往中，我們必須遵守一些基本的道德準則，例如互助互愛，但病態自戀者卻對這些準則，嗤之以鼻。

病態自戀者對他人的權利和情感都秉持漠視的態度，甚至會認為這些凡夫俗子本該放棄自己的想法來迎合他。病態自戀者內心深處多半有著根深蒂固的自我中心主義，由於缺乏共情，其他人的想法和感受常被病態自戀者徹底忽視。他們不僅無法體會他人的想法和感受，甚至壓根不知道其他人也有自己的想法，在他們看來，只有自己的想法是對的。

在一項調查研究中，自戀的男性容易在短時間內得到女

共情力與同理心

性青睞，他的自戀和魅力幫助他們輕易俘獲女性芳心。可當相處了一段時間後，這些女性就會主動遠離他們，甚至還會感到厭惡……。自戀在不同的人身上會有不同的表現。有一種自戀者被稱為膨脹型自戀者，他們非常外向，一心想要成為眾人矚目的焦點，因此他們往往能獲得很多機會，也更容易取得成功。還有一種自戀者比較常見，被稱為沮喪型自戀者，與膨脹型自戀者相比，沮喪型自戀者更為隱蔽，難以被發現，他們給人一種自卑、怯懦之感，卻自命不凡，對自我有著過高的評價，總希望別人來迎合自己。

沮喪型自戀的隱蔽特性使得他們很容易和他人建立起良好的關係，但這種關係常常難以維持，因為對方很快就會發現他的自戀，以及慣以自我為中心的毛病。

猶如雲霄飛車一般的情緒失控

邊緣型人格障礙者害怕被拋棄，習慣憎恨他人。

瑪麗蓮 · 夢露（Marilyn Monroe）是著名的邊緣型人格障礙患者。

一九二六年，瑪麗蓮出生於洛杉磯，她成名後宣稱從未見過生父，她也不知道生父是誰。

事實上，在瑪麗蓮二歲時，她的父親和母親格蘭戴絲 · 皮爾 · 貝克（Gladys Pearl Baker）離婚，之後父親就帶著兩個姐姐離開了。格蘭戴絲的精神狀況不佳，因此瑪麗蓮在出生十二天後，就被母親送到一個寄宿家庭，瑪麗蓮在這裡生活了七年。最初，格蘭戴絲會按時來看望瑪麗蓮，後來可能是生活壓力太大，她看望瑪麗蓮的次數越來越少。瑪麗蓮十分渴望母親能來看自己，當母親無法按時看望她時，瑪麗

共情力與同理心

蓮會十分傷心和失望。

　　七歲時，瑪麗蓮被母親接回身邊。格蘭戴絲的精神狀況依舊很差，有人說她患有妄想型精神分裂症，有人說她患有抑鬱症。對於年幼的瑪麗蓮來說，母親是一個喜怒無常的人，總是忽然暴怒，又忽然大笑起來。在瑪麗蓮九歲那年，格蘭戴絲因挾持菜刀威脅他人被送入精神病院，瑪麗蓮便被交給格蘭戴絲的朋友葛蕾絲·麥基·戈達德（Grace McKee Goddard）撫養。其實瑪麗蓮的外祖母本應該是最佳的撫養者人選，但她拒絕撫養瑪麗蓮。

　　不久之後，葛蕾絲和一個名叫歐文的男人結婚了，瑪麗蓮就被送到了洛杉磯孤兒院。孤兒院的生活很糟糕，瑪麗蓮和許多孤兒一樣經常面臨著餓肚子的痛苦。瑪麗蓮在成名後，訪問一家孤兒院時，觸景生情地想起了自己在孤兒院的這段時光，並向這家孤兒院捐出了一筆鉅款，她說自己曾在孤兒院待過，知道餓肚子的滋味。

　　之後，瑪麗蓮在十一個寄養家庭間輾轉，從未感受過家庭的溫暖。兩年後，葛蕾絲將瑪麗蓮接到自己身邊。葛蕾絲有一個好萊塢夢，喜歡將瑪麗蓮打扮得漂漂亮亮的，給她化妝、燙頭髮，她還對瑪麗蓮說：「妳將來一定會很漂亮，會成為一個女明星。」但這種簡單溫馨的生活很快就結束了，因為瑪麗蓮遭到了葛蕾絲丈夫歐文的性騷擾。

十六歲時，瑪麗蓮嫁給了鄰居家的兒子詹姆士・「吉姆」・多爾蒂（James "Jim" Dougherty）。這是瑪麗蓮的第一段婚姻，丈夫比她大五歲。對於這段婚姻，瑪麗蓮是迷茫的。當時格蕾絲準備到另一個州去生活，不能帶著瑪麗蓮，可瑪麗蓮又不想被送到孤兒院，她就只能結婚。婚後不久，詹姆斯就發現瑪麗蓮經常沮喪、焦慮和歇斯底里，這讓他難以忍受。後來，詹姆士作為一名海軍士兵被派往海外，期間瑪麗蓮經常外出喝酒，還與幾名男子糾纏在一起，很快她就和詹姆士解除了婚約。

一九五一年，瑪麗蓮因為性感、美麗而名聲大噪。之後的瑪麗蓮開始大紅大紫，接連拍攝了許多電影，讓許多男人為她神魂顛倒。風光無限的同時，瑪麗蓮的心理問題越來越嚴重，她無法在公開場合說話，在拍攝電影時會緊張得嘔吐。瑪麗蓮希望自己能盡善盡美，得到所有人的喜愛，因此十分害怕在眾人面前出醜，也無法接受別人的負面評價。

一九五四年，瑪麗蓮開始了第二段婚姻，丈夫是著名球星約瑟夫・保羅・迪馬喬（Joseph Paul DiMaggio），他們的婚姻在美國引起了轟動，可這段婚姻維持了一年不到就結束了。婚後不久，兩人開始不停地爭吵，迪馬喬不希望瑪麗蓮繼續在外拋頭露面，甚至還對瑪麗蓮大打出手。

一九五六年，瑪麗蓮開始了第三段婚姻，這任丈夫是知

共情力與同理心

名劇作家阿瑟‧艾許‧米勒（Arthur Asher Miller），年長她二十多歲。瑪麗蓮欣賞阿瑟的才華，阿瑟則喜歡瑪麗蓮的熱情和性感。這段婚姻維持了五年，期間瑪麗蓮兩次懷孕，都以流產告終，醫生告訴她，她再也不可能懷孕。瑪麗蓮的精神狀況不僅沒有因為婚姻而改善，相反還越來越糟糕，甚至不得不服用一些鎮靜劑之類的精神藥物。瑪麗蓮和阿瑟之間經常發生爭吵，在阿瑟看來，瑪麗蓮就是一個矛盾的女人，情緒變化讓人無法捉摸，明明前一刻還在和人兇狠地爭吵，下一刻就變得楚楚可憐起來。

自一九五五年起，瑪麗蓮開始頻繁接受精神治療，有時候一周要預約五次

精神病醫生。可瑪麗蓮糟糕的精神狀態並未因治療而得到緩解，她反而變得更加焦慮，難以入睡，不得不依賴安眠藥之類的精神藥物。糟糕的精神狀態嚴重影響了瑪麗蓮的生活和工作，她因為力不從心常常遲到，而且在拍攝時經常忘記臺詞，這使得她的許多份電影合同都被解除。

同時，作為性感女神的瑪麗蓮由於年齡漸長，漸漸被更多年輕的女明星所取代。瑪麗蓮一邊頻繁出入精神病診所，一邊試圖自殺，在三次自殺未遂後，

一九六二年8月5日，瑪麗蓮自殺身亡……。

親子互動有異，自我統一性將呈解離狀態

邊緣型人格障礙者通常被憎恨、憤怒的情緒困擾，有自我毀滅的衝動和情緒波動。邊緣型人格障礙的形成，其實與其童年經歷密切相關。

每個人在嬰兒時期，都需要與母親或養育者建立最初的關係，然後在與母親的互動中發展出自我的概念。正常兒童發展出的自我中包含優點和缺點，他們也會明白父母也有優點和缺點，即自我的統一性。但如果兒童與母親的互動出現問題，母親太過冷漠（導致兒童害怕被拋棄）或母親控制欲太強（導致兒童害怕被吞沒），兒童自我的統一性就會停留在解離狀態中，自我無法統一，於是邊緣型人格障礙就會出現。

由於無法明白凡人皆有優缺點，邊緣型人格障礙者在人際交往中，很容易陷入「非黑即白」的極端裡。認為對方要嘛十全十美，要嘛十惡不赦。當一個人無法完成自我的統一，他就無法對自己有一個完整的認識，無法自我認同。在處理人際關係時，他不能理解對方有好的一面也有壞的一面，因此他對對方的看法會反覆出現變化，給人一種情緒不可捉摸之感。例如瑪麗蓮的丈夫阿瑟之所以會覺得她是個矛盾體，是因為瑪麗蓮在不發脾氣時，會崇拜阿瑟，對阿瑟十分溫柔，

共情力與同理心

將他視為完美的人，可一旦瑪麗蓮覺得焦慮、痛苦，她就會對阿瑟大發脾氣，阿瑟就會被她視為一個十惡不赦的人。

　　瑪麗蓮從小在一個缺乏關愛的環境中長大，她渴望獲得母愛、父愛，卻遭到了拒絕，她從未見過自己的父親，在和母親生活時也從未感受過母愛。她自己曾說過：「我不相信母親真的想要我。母親說如果我出生的時候就死了，日子會變得好過很多。雖然母親早就離開了我，但悲傷卻一直伴隨著我。」因此瑪麗蓮對父母充滿了憎恨，這種憎恨延伸到了她的各種人際關係中，她總是容易對他人感到失望，總覺得對方不夠關心她、愛她，因此隨著關係的深入，瑪麗蓮會向對方大肆發洩自己的憎恨。

　　邊緣型人格障礙者的共情力雖然存在，但已經被這滿腔的憤怒給扭曲了，他們總覺得對方與自己作對，無法正確理解對方的行為和情緒表達。他們自認為自己瞭解對方的想法和感受，可事實上這種所謂的瞭解只是一種扭曲的認識。他們無法與一個人建立真正的共情，也無法維持一段長久穩定的親密關係，他們總覺得對方不夠關心自己，即使對方表示了對自己的關心，他們也會覺得不是出自真心實意。

　　由於童年時期的親密匱乏，瑪麗蓮和所有的邊緣型人格障礙者一樣無法忍受獨處，還總是被一種空虛感吞沒。在瑪麗蓮看來，獨處意味著被人拋棄，這是一種難以忍受的痛苦，

為了擺脫這種痛苦，瑪麗蓮會主動與人結交。為了不被虛無感吞沒，她做出了許多衝動行為，流連於酒吧、酗酒、和許多陌生男人保持性關係、自殺等。

可瑪麗蓮無法與一個人親密地相處，她無法享受親密關係。這個問題出在她自己身上，她要麼覺得對方疏遠自己，想要努力地控制住對方，將對方牢牢抓住；要麼因為對方的接近而感到窒息，想要將對方推得遠遠的。她找不到一個合適的相處距離，總是處於極端狀態中。

「邊緣型人格障礙者」多半具備強烈的依戀需求，害怕被拋棄，內心充滿痛苦和孤獨感，甚至還有對他人或自己的憎恨。他們的情緒無法穩定下來，就如同雲霄飛車一般，快樂時顯得親近、有魅力，但轉瞬間就會變得痛苦，他們會對人大發脾氣，故意找碴，覺得對方不夠關心自己，可能在短短幾分鐘間裡，他們就會把對方從完美的好人貶低成十惡不赦的大壞蛋。

共情力與同理心

接受人與人之間的差異性

無力共情者易與他人衝突,危害自身心理健康。

在電影《雨人》(*Rain Man*)中,查理‧巴比特是個精明能幹的進口汽車經銷商,他在事業上遭遇困難,急需一筆錢來周轉,否則就可能會破產。這時,查理得知了父親逝世的消息,這是一個讓查理既驚又喜的消息。查理二歲時母親過世,此後他和父親相依為命,但因為他與父親的關係很糟糕,所以他始終很討厭這個嚴屬的父親。

在十六歲那年,查理因偷開父親珍愛的白色轎車而與父親決裂。當時查理只是想開車向同學炫耀一番,誰知父親卻以失竊報警,讓查理被拘留了兩天。血氣方剛的查理非常不理解父親,一氣之下便離家出走,再也沒有和父親聯繫……。

查理趕來參加父親的葬禮,想要從父親那得到遺產,以

第4章 共情障礙:錯誤的人際互動,讓你深陷壓力之中……

解燃眉之急。但父親只留給查理那輛讓父子反目的白色汽車和一叢獲獎的嫁接玫瑰，名下的三百萬遺產反而通通留給一個名叫雷蒙的陌生人，這個人是查理的哥哥，是一名自閉症患者，就居住在沃爾布魯克療養院，院長布魯諾是遺產託管人，同時也是查理父親的好友。被剝奪繼承權的查理憤懣難平，他來到沃爾布魯克療養院，找到布魯諾，想要平分這三百萬美元的遺產。

諷刺的是，布魯諾告訴查理，雷蒙對金錢沒有概念。而且查理還發現，雷蒙認得自己開來的那輛白色轎車，還說父親每週六都會讓他在無人的地方試開這輛車。這讓查理更加覺得父親偏心，當初他只是偷開了一下這輛車，就被父親送到警察局拘留，父親卻讓雷蒙每週六都開這輛他十分珍愛的汽車，還把巨額遺產留給了雷蒙。查理決定爭取雷蒙的監護權，因為這樣一來他就可以獲得那筆遺產，於是，他偷偷帶走了雷蒙……。

很快地，查理發現自己帶著的不是一個正常人，而是一個大麻煩。他無法與雷蒙交流，因為大多數時候雷蒙都沉浸在自己的世界中，自言自語或不斷地重複電視劇中的片段，每次查理試圖和雷蒙溝通時都會崩潰。而且查理髮現雷蒙會重複做一些毫無意義的行為，堅持遵守固定的生活習慣，否則他就會崩潰、發狂，例如雷蒙會在固定的時間看固定的電

共情力與同理心

視節目，每次吃飯都必須按照固定的食譜，睡覺時的床位也是固定的，這讓查理難以招架。

雷蒙沉浸在以自我為中心的世界中，他沒有世俗的欲望，只想要在一個穩定的環境中保持一成不變的生活，一旦他的生活規律被打亂，他就會立刻變得煩躁不安、精神錯亂。後來查理偶然間發現雷蒙具備超乎常人的計算能力和記憶力。雷蒙可以清楚地說出飛行史上所有重大空難發生的航班班次、時間、地點、原因。只要是雷蒙看過的電話簿，他就可以輕易地說出電話簿上的每一個電話號碼。

雷蒙的計算能力也很讓查理吃驚，查理甚至認為雷蒙應該成為一名數學家，例如雷蒙可以清楚且迅速地數出掉落在餐廳地板上的二百四十六根牙籤。當時，查理面臨著嚴重的經濟危機，他急需一筆錢來還清貸款，否則他的汽車公司將會倒閉，信用卡也將被凍結。於是查理決定帶著雷蒙去「賭城」拉斯維加斯賭一把，並用自己身上所剩不多的現金，幫兩人置辦了一身行頭。

來到賭城後，雷蒙用自己的記憶力和計算能力幫查理贏得了八萬六千美元。查理用這筆錢還清了貸款，擺脫債務後的查理心情很好，就遵守承諾讓雷蒙在跑道上開車，還教他跳舞。查理對待雷蒙的態度也發生了轉變，他從感情上接納了雷蒙，真心實意地想和雷蒙生活在一起，同時查理也原諒

了父親，他認識到自己不應該多年來不曾給父親寫過一封信，這極大地傷害了父親。

遺憾的是，雷蒙最終還是被送回了療養院，因為查理無法爭取到雷蒙的監護權，而對於雷蒙來說，療養院其實才是最適合他生活的地方。

接受每個人的不同，身心靈的健康要素

自閉症又被稱為孤獨症，主要表現為語言障礙、人際交往障礙、興趣狹窄和行為方式刻板，在嬰幼兒時期就已有表現，以男性居多。自閉症患者無法與人正常交往，因為他的共情力存在障礙，這使得他無法展開社交。**自閉症患者無法將一個人視為人，反而會將對方當成一件物品，他們分不清楚人和物品的區別，即使能分清楚，也多半毫不關心。**在正常的親子互動中，父母會在意孩子的感受，孩子也會在意父母的感受，彼此之間存在共情，例如孩子會希望父母下班後能和自己玩遊戲，父母察覺到孩子的渴望後，就會滿足孩子的願望。可很快孩子就會發現父母累了，想要休息，他會主動提出結束遊戲，不再打擾父母，也就是說孩子能感受到父母的需求，這是共情力在起作用。

可是自閉症的孩子根本無法體會父母的感受，他們只會

在意自己的需求是否得到滿足，完全不在意父母的想法。如果說精神病態者的共情認知部分保持完好，只是共情的情感部分出現了缺陷，那麼自閉症患者不論是認知還是情感都出現了缺陷。既然如此，這是不是就意味著自閉症患者比精神病態者要危險得多，會給周圍的人帶來危險？

事實上，絕大多數自閉症患者並不會對他人施以暴行，因為他們的行為方式刻板這一特點，會促使他們嚴格遵守規則，他們無法用共情力建立內在的道德準則，卻可以依靠遵守規則來建立自己的道德體系。對於自閉症患者來說，他們有十分強烈的遵守規則的衝動，例如雷蒙的生活習慣不容更改，在他看來什麼時間段該看什麼電視節目就是規則，必須嚴格遵守。

在電影《雨人》中，存在共情缺陷障礙的人除了雷蒙這個自閉症患者外，還有一個人，那就是查理。查理是個正常人，他有共情力，但他卻陷入以自我為中心的閉塞世界中無法自拔，這導致查理無法跳出自己的視角去體會父親、雷蒙的感受和思維方式。

因為共情無能，查理離家出走，直到父親去世才回去參加葬禮，他參加葬禮的目的也很功利，他只是想得到父親的遺產，以緩解自己糟糕的經濟狀況。共情無能影響著查理的所有親密關係，他不僅與父親關係糟糕，也因與女友蘇珊娜

溝通不暢，而使蘇珊娜遠離他。

而蘇珊娜是查理的女友，可她卻從未得到過查理的尊重。查理無論做什麼決定都不會和蘇珊娜商量，他在決定參加父親的葬禮時，只是沉默地開車帶蘇珊娜到達目的地，蘇珊娜受不了這種沉默，想要和查理溝通，查理卻不開口，此時的查理滿腦子都在想著父親的葬禮以及那筆遺產。到了目的地後，查理下車準備去父親的葬禮，卻將蘇珊娜留在車裡，他讓蘇珊娜等他，卻從未在意過蘇珊娜的感受。

在一段親密關係中，雙方對等的互動交流十分重要，可查理只會對蘇珊娜發號施令，只要查理決定做什麼，蘇珊娜就必須得跟著，她也試圖和查理溝通，想要告訴查理，將雷蒙從療養院私自帶走並不是最好的選擇，可查理根本不聽。查理無法跳出自己的視角，他堅持認為自己應該得到一半的遺產。

共情力一旦消失，感知力也會逐漸消退

共情力有助於我們與他人建立健康的關係，並進行良好的互動，這意味著**我們要脫離既定的立場，進入他人的內心世界去體會對方的感受、情緒。**可當一個人過度追求金錢、權利和聲望，將某件事或某人的重要性進行誇大，認為那才

是自己生命中最重要的人或事時，他就很容易陷入共情無能之中。在查理看來，他人生中最重要的事情是得到父親的遺產，他只在意這一件事，所以他會憎恨父親的偏心，而不會考慮自己多年來離家出走給父親帶來的傷害。

查理也不打算將自己的童年遭遇和內心感受告訴女友，他只想儘快解決此事，所以他對待蘇珊娜的態度就是下達命令，不問蘇珊娜的想法就替對方做了決定，當蘇珊娜提出異議時，他也不假思索地予以否決。後來，查理意外得知雷蒙就是童年裡在自己傷心難過時為自己吟唱的「雨人」，他一直以為雨人是自己幻想出來的，沒想到卻是他的哥哥。

查理在情感上接受雷蒙的同時，他的共情力也被喚醒了。當查理在浴室放熱水時，雷蒙出現了過激反應，他害怕熱水會燙到寶寶。查理知道「寶寶」就是指自己小時候，此時的查理才知道，雷蒙會被送到療養院，就是因為父母怕雷蒙會不小心傷害到他……。當下，查理放下對父親的憎恨。當蘇珊娜再次找到查理時，查理主動和蘇珊娜溝通，把自己的童年遭遇告訴她，向她敞開心扉，兩人關係也因此得到進一步的發展。

一個人在獲得了財富或權利上的成功時，往往很容易陷入虛榮和自負之中，認為自己能夠完全獨立、自給自足，不再需要依靠他人，也不必與他人建立聯結。漸漸地，他的共

情力就會消失，對他人感受的感知力也會逐漸消退。而**共情力意味著包容，是我們理解並接受每個人都不一樣的狀態，更是心理健康的重要組成**。有了共情力，我們才能更多地理解他人的處境，接受對方的行為方式和行事動機，才能做到尊重他人，而這有利於我們化解人際交往的衝突，降低分歧、衝突給人際交往帶來的破壞性。

一個無力共情的人，將會成為一個以自我為中心的人，他會在處理人際關係時被各種分歧和衝突困擾，同時也會給自己的心理健康帶來危害。

共情力與同理心

小心共情力被惡意利用

切勿輕易被共情力所迷惑，避免傷到自己。

二〇一三年 7 月 24 日，黑龍江省某縣城內發生了一起少女失蹤案，失蹤者是縣人民醫院的十七歲實習護士琳芳（化名）。

根據琳芳的同學小梅（化名）提供的線索，在琳芳失蹤的當天下午 3 點 15 分，她給小梅發了一條簡訊，說自己要送一名孕婦阿姨回家，已經到她家門口了……。

而從警方調取的監控錄影顯示，琳芳在街上遇到了一名摔倒在地的孕婦，她上前攙扶孕婦，並和孕婦交談了一會兒，琳芳將孕婦送進醫院後就再也沒有出來。直在當天晚上 6 點左右，監控錄影中再次出現了這名孕婦的身影，和她在一起的還有一名男子，兩人合力拖拽著一個旅行皮箱，並吃力地

第 4 章 共情障礙：錯誤的人際互動，讓你深陷壓力之中……

將旅行皮箱放在一輛紅色汽車上，隨後兩人開著車消失在監控探頭範圍外。

監控畫面中的孕婦名叫王靜（化名），男子是她的丈夫，名叫李剛（化名），他們顯然有重大犯罪嫌疑。警方趕去抓捕時，家中只有王靜在，她看到員警後立刻招認了犯罪事實。她告訴警方，在案發的當天，她在看到琳芳後故意在路邊摔倒，等琳芳將她扶起後，她謊稱自己身體不舒服，希望琳芳能送她回家。在將琳芳誘騙至家中後，她用摻著安眠藥的優酪乳迷倒琳芳。

就在李剛準備姦淫琳芳時，發現琳芳竟然月經來了。王靜勸李剛將琳芳放走。但李剛說，事情已發展到這個地步，就不能讓琳芳活著出去，否則他們就會有麻煩，於是李剛直接用枕頭將琳芳悶死了。

事後，兩人合力將琳芳的屍體丟棄在荒郊野外。根據王靜的口供以及監控畫面，警方確定犯罪嫌疑人李剛就躲在附近的超商內。7月28日凌晨3點，熟睡中的李剛被警方逮捕。在隨後的兩個小時的審訊中，李剛對犯罪事實供認不諱，卻一直不肯交代埋屍地點。經過警方持續不斷地努力，李剛最終交代了埋屍地點，警方在社區附近的一片荒地裡找到了琳芳的屍體。

這起誘騙少女姦殺案在當地傳播得十分迅速，很快就盡人皆知，據當地居民反映，這裡從來沒有發生過如此離奇、荒唐、令人匪夷所思的事情。而附近 的居民對李剛並不瞭解，只知道他在這裡租了一間房子，是當地人。社區保全人員告訴警方，他只在收管理費時和李剛打過照面，覺得李剛看起來文質彬彬，不像是壞人，根本不像是會做出強姦殺人這種惡事的人。

當地居民在提起這起案件時，討論最多的還是兩名嫌疑人的犯罪動機，他們想不通這兩人為什麼要這麼做？尤其是王靜，一個孕婦為何會忍心將一個幫助她的女孩哄騙回家供丈夫性侵傷害……。

有人在接受記者採訪時，對王靜的犯罪動機進行了猜測：「大家都說那個孕婦和其他男人偷情時，被丈夫抓了個現行，兩人雖然沒離婚，但卻總因為這個事情吵架，後來孕婦就想出了給丈夫找個處女補償的辦法，藉此緩和兩人的關係。」對於這種說辭，知情者予以了否認。

據知情者透露：「王靜自從懷孕後，就無法與丈夫行房，於是開始琢磨著給丈夫找個女人，代替自己與丈夫過夫妻生活。王靜早就有了這種想法，只是一直沒有機會實施。」

在案發的當天，王靜去醫院做產檢，她從醫院出來時正

好碰到琳芳，於是她故意摔倒，琳芳看到後立刻將她扶起來，王靜覺得琳芳很好騙便佯裝人不舒服，並提出請琳芳送她回家的建議，琳芳看到對方是個孕婦，連想都沒想就答應了。

而讓讓琳芳父母和好友痛心的是，琳芳本是一番好意，卻給自己引來了殺身之禍，她的父母在面對記者採訪時忍不住哭訴道：「再一個月就是女兒十八歲生日。她是在幫助他們，他們怎麼下得去手？！到現在我都無法相信，這到底是怎麼了？他們到底怎麼想的要殺害她？」

避開帶有目的的共情，以免誤觸陷阱

共情力是一種能站在他人立場上，理解他人感受的能力。提到共情力，我們常常會聯想到積極的一面，覺得共情力是一種建設性的力量，能讓人們更加緊密地聯繫在一起，也會使我們的社會變得更加和諧，畢竟人類群體想要在這個殘酷的世界上生存下去，需要人與人之間的相互理解。但共情力也可能會被惡意利用，王靜能成功將琳芳誘騙至家中，就是**惡意利用了共情力**。在人際關係以及個人幸福感上，共情力的確存在積極的一面，這也是人們所需要的。

很多情況下，我們都希望自己被理解，希望能與某個人或某個團體產生共情，但同時我們也要**警惕帶有目的性的共**

共情力與同理心

情。真正的共情基於尊重和關心，這時共情就會起到積極的作用。而有目的性的共情，不會將他人的感受和想法作為首要考慮，共情力對他們來說只是**達到目的的手段**，他們對共情力的使用具有目的性，是為了個人利益或獲得個人滿足。

當然，並不是所有的目的性共情都是惡意的，其中還有一些是出於善意的，例如一個人遇到了困難，他希望得到對方的幫助，這個時候他為了說服對方幫助自己，就必須得調動起共情力，讓對方感受到自己的困境、情緒，讓對方站在自己的角度去理解，這樣一來就能刺激對方對自己產生共情，從而獲得幫助。

更具體地說，當某個孩子生病住院，急需很多錢來做手術，＝而他的父母已經花光所有積蓄，這時為了幫孩子治病，他們便只能向他人求助，希望旁人能幫助他們渡過難關。這時，他們需要做的就是刺激陌生人對自己產生共情，讓陌生人對自己的遭遇感同身受，只有這樣對方才可能對他們這樣的陌生人慷慨解囊。

可是當共情力被像王靜這樣的惡人利用時，共情就會變成一件壞事。

在這起案件中，王靜作為一名孕婦，在人們的眼中就是需要幫助的弱勢群體，因此當她故意摔倒在琳芳面前時，琳

芳不假思索地將她扶起，這幾乎是每個人都會去做的事情。

當琳芳扶起王靜，發現她很不舒服時，琳芳就更加容易與王靜產生共情。所以當王靜提出要琳芳送自己回家的要求時，琳芳立刻答應了，她當時沒有覺察到一絲危險，她只是覺得自己做了一件能力所及的好事，殊不知自己已經掉入了王靜設計的死亡陷阱中，而這個死亡陷阱的誘餌就是「共情力」。

共情力並非道義美德，結果取決於使用者

許多詐騙犯都十分擅長使用共情力，例如常見的保健品騙局。儘管保健品騙局早已被揭露，卻還是有許多老人一次次地上當，因為購買天價保健品而花光退休金，甚至是所有積蓄。對於老人來說，身體健康是頭等大事，這也是他們熱衷於購買保健品的原因所在。

除此之外，還有銷售套路太深的原因，商家十分擅長使用共情力來騙取老人的信任，常見的就是「溫情攻勢」。在保健品的促銷活動中，銷售人員會表現得特別周到、熱情，甚至會像子女一樣去孝順老人，長時間地和老人聊天。他們還會為老人提供體貼的服務，上樓梯時小心攙扶，一進門就笑臉相迎、噓寒問暖、端茶倒水，甚至還會給老人按摩。時

共情力與同理心

間長了，老人就會覺得銷售人員特別理解自己，和銷售人員在一起特別舒心，覺得他們比遠在外地工作的子女還要親。每當老人有心事時，第一時間就會去找銷售人員傾訴。

這樣一來，當銷售人員向老人推銷保健品時，老人不僅不會拒絕，還會積極參與、宣傳，購買保健品時絲毫不會手軟。當老人陷入商家精心設計的共情陷阱後，就很難聽得進去勸告了，面對家人的反對與勸說，老人會覺得他們不理解自己，還會主動幫銷售人員遮掩。

共情力所建立的信任與理解，通常是互通的。老人既然覺得自己被理解了，自然也會試著去理解銷售人員，因此他們不會將銷售人員看成騙錢的人，反而覺得銷售人員熱情周到、工作勤奮、壓力大，生活得很不容易，在這種心理的影響下，許多老人甚至會主動幫銷售人員拉客戶。

總之，我們應該警惕共情力被惡意利用，應該意識到**共情力並非道德情操，更不是善良、美德；更準確地說，共情力是一種工具。**我們可以利用這個工具去做好事，讓自己和周圍的人生活得更幸福，但我們也要警惕一些別有用心的人用共情力去做壞事。也就是說，**共情力是好還是壞，完全取決於使用這個工具的人。**對於那些熱心幫助他人的人，共情力就是美德，能給人們帶來快樂、幸福。

但對於像王靜和詐騙犯這樣的人來說，共情力就是一件邪惡的工具。我們不要輕易被共情力所迷惑，應該保護好自己。當發現一個人的共情行爲是爲了自我利益，且他的自我利益會給我們帶來傷害時，請務必一定要遠離他，否則你的善良恐怕將會成爲傷害自己的利器。

共情力與同理心

當共情力遭遇偏見時……？

請你收起自身對他人的偏見和刻板印象。

電視劇《我們與惡的距離》熱播之餘也是大家熱門討論的話題。劇中女主角宋喬安是某家新聞台的編輯主管，丈夫劉昭國是某個網路媒體的創辦人，兩人十分恩愛，還育有一雙活潑可愛的兒女，原本擁有一個幸福的家庭。但這一切都被一個名叫李曉明的精神病人打破，因為他拿著一把槍射殺了宋喬安的兒子。

從那以後，宋喬安一直生活在兒子被害的陰影中，無法走出，她將所有的時間和精力都放在了工作上，企圖用工作麻醉自己。宋喬安的性格原本就很暴躁易怒，自從兒子被害後，她越來越無法控制自己的情緒，總忍不住對周圍的人發火，這導致她和丈夫的關係越來越緊張，兩人甚至準備離婚，而女兒也不再與她親近。

宋喬安只要看到女兒就會想起死去的兒子，甚至會對女兒說出：「妳還不如和哥哥一起死了……」這樣的話。下屬們也對宋喬安敬而遠之，看到她都躲著走，因為一旦犯錯，就會被宋喬安一頓痛罵。

在夜深人靜，大家都酣然入睡時，宋喬安卻被失眠和夢魘折磨，只能依靠酗酒才能勉強入睡。宋喬安作為被害者的母親，她的人生已經被李曉明這個罪犯弄得一團糟，人們都十分同情她的遭遇。那麼，罪犯李曉明的家庭呢？他的父母和妹妹李曉文的日子也因為他而過得十分艱難。

李曉明的父母變賣了所有的家產用來賠償，他們還因為李曉明的犯罪而成了過街老鼠，被所有人看不起，貼著加害者家屬的標籤而無法抬起頭。最終，他們因無法承受別人異樣的眼光而搬離了老家，到外地也會戴著口罩，將自己捂得嚴嚴實實的，生怕被人認出。李曉文本應該有個不錯的前途，卻因為哥哥犯罪而不得不改名，隱藏身份去工作和生活。他們一邊痛恨著李曉明，一邊思念著他，想要和他見一面，想要親口問問他，為什麼要在電影院開槍殺人。

而李曉明的父母為了贖罪，當著媒體向被害者家屬下跪道歉，但媒體和公眾根本不願放過他們，認為他們犯下了滔天大罪，是他們培養出了一個殺人犯，可如同李曉明母親說的那樣：「沒有一對父母願意花二十多年的精力和時間去培

共情力與同理心

養一個殺人犯……」可惜媒體和公眾還是不願放過他們，迫使他們只能逃離家鄉，到外地謀生。

甚至是李曉明的辯護律師王赦也受到了社會的攻擊，他在第一次出庭時就被人潑糞，在所有人看來，李曉明這樣的殺人犯罪無可赦，應該立刻被處死，王赦根本不應該去為李曉明進行辯護。可在王赦看來，他是一名刑事犯罪辯護律師，應該為李曉明這個精神病犯人爭取屬於他的人權，就算李曉明真的罪無可赦，那他也應該受到司法程式的合理保障。

王赦這麼做還有一個重要動機，他想尋找李曉明的犯罪動機和原因，他認為只有這樣，才能避免類似案件再次發生。家人和妻子也不理解王赦，他們覺得王赦完全沒必要為了一個精神病殺人犯將自己的生活弄得一團糟。

後來，王赦終於得到了妻子的支持，他的妻子認為丈夫是個善良、正直的人，這是王赦最吸引她的地方，所以即使受到了恐嚇她也沒有退縮。被害者家屬也十分惱怒王赦的行為，覺得他是在故意揭傷疤。就連加害者家屬也不理解王赦，覺得他是在節外生枝。共情力會使人獲得許多美德，例如會使人變得更無私、善良，更願意為他人提供幫助。

在電視劇《我們與惡的距離》中，宋喬安的姐妹宋喬平是一名社工，她一直在利用自己的共情力去幫助別人，且能

輕易與他人建立共情關係，安撫對方失控的情緒。在李曉文因哥哥而遭到人們的排擠時，一個名叫應思悅的女孩兒給了她許多安慰，應思悅十分理解李曉文的處境和心理，主動關心、照顧李曉文，還告訴李曉文，哥哥犯下的錯誤與她無關，她不必為此自責。

與他人建立共情，往往容易受偏見侷限

同時，共情還是一種美好的感受，甚至可以這麼說，共情是快樂的源泉，我們會因為共情而得到許多樂趣。例如我們在觀看電影時，一定得調動起自己的共情力，使自己與電影中的人物產生共情，否則我們就會失去觀看電影的樂趣。此外，共情在親密關係上還起著十分關鍵的作用，如果雙方沒有產生共情，那麼再親密的關係也不會使人感到幸福。

但共情力除了會使人變得善良和無私外，還會給人帶來偏見、無知和困惑，一旦共情力遭遇了偏見，將會產生嚴重的後果，它會變成干擾我們視聽、混淆我們判斷的障礙，甚至會促使我們做出殘忍的行為。

在電視劇《我們與惡的距離》中，作為觀眾的我們可以完全跳出整個事件，以上帝般理性的視角去看待李曉明殺人案件。可劇中的大眾和媒體卻不會帶著理性去看待該案件，

共情力與同理心

他們往往也是現實中的我們的化身。很顯然，李曉明的家人和辯護律師都是無辜的，但他們卻承擔了大眾的大部分惡意，好像他們和李曉明合夥殺死了一個人，好像他們應該和李曉明一樣去死。人們會出現這樣的言行，是因為共情力使他們失去了冷靜的判斷力，他們對被害者家屬產生了共情，他們十分理解被害者家屬的心理和處境，畢竟誰都不願意自己的孩子因為出現在電影院而被一個突然竄出來的精神病人殺死。

正是因為太過理解被害者家屬的痛苦，大眾才會像被害者家屬一樣那麼痛恨李曉明，甚至連李曉明的家屬和辯護律師也不願放過。他們對被害者家屬所產生的共情使他們產生了偏見，這種偏見使他們自動忽視了李曉明家屬和辯護律師的無辜和痛苦。**在與他人建立共情時，我們很容易受到自身偏見的限制**。例如，我們通常會和與自己相似或自己喜歡的人建立共情，而不會與自己討厭或害怕的人產生共情。

一個人如果在異國他鄉，就更容易對一個和自己來自相同國家的人放下警惕，也更容易與他產生共情。大多數人都會覺得自己是個普通的、善良的人，因此大眾在聽聞李曉明殺人案件後，才會輕易地倒向被害者家屬，覺得李曉明是個殺人魔，他的家人也是惡人，令人感到害怕和討厭。

自以為是的理解，往往是誤信自己

在司法體制中，共情力的影響非常大，甚至會影響到判決的結果。一個罪犯到底應該接受怎樣的刑罰，對這個問題的分析一旦摻入了共情力，判斷就會出現失誤，不再具有理性，而變成一種偏見。

對於宋喬安來說，李曉明殺死了她的兒子，她十分痛苦，如果李曉明的辯護律師、法官與她產生了共情，站在宋喬安的角度去看待和審理該案件，那麼李曉明會立刻被處死，王赦也不會去努力尋找李曉明的犯罪原因和動機，也不會有人知道李曉明到底為什麼會殺死一個無辜的人。

一旦我們對被害者家屬產生了共情，共情力就容易變成偏見，偏見所帶來的憤怒和憎恨情緒會使我們失去理智，做出可怕的事情來。但令人遺憾的是，偏見和刻板印象卻在我們的生活中十分常見，大多數人身上都存在這種思維習慣。我們在對一個人瞭解很少，甚至可能在完全不瞭解的情況下，就會因為假定和偏見而輕易地做出判斷，而這恰恰是阻礙同理心產生的障礙之一。

在人際交往中，**人是一種相對怠惰的動物，尤其是在判斷一個人時，我們通常會加倍怠懶**。因此我們會帶著偏見、刻板印象看待一個陌生人，會根據第一印象迅速地做出判

斷，然後給對方貼上一個標籤。標籤貼到了對方身上，就意味著這個人在你的心中已經定性，幾乎沒有改變的可能。

標籤具有極大的迷惑性，你會因此自認瞭解對方，但這種瞭解無非只是從自己的角度出發，並非真正了解，遑論做到站在對方立場去理解。而且標籤效應常常伴隨著「暈輪效應」[1]。在暗示的作用下，你會從標籤的這一個特點，擴大到這個人的所有特點，認為他就是這樣一個人，將對方定性，不會想要瞭解對方到底是一個怎樣的人，有什麼樣的個人故事。給對方貼上一個標籤，的確能夠節省自己的時間和精力，卻容易使我們對他人做出錯誤的判斷。錯誤的判斷會成為我們瞭解對方的阻礙，可我們不會將錯誤的判斷視為阻礙，反而會認為這是自己的直覺，而我們又往往會莫名地盲目相信自己的直覺。

事實上，在人際交往中我們非常擅長迅速地對一個人做出判斷。通常只需要兩分鐘，我們就能判斷出這個人具有某個特性，然後相信自己的直覺判斷。

這個直覺判斷與社會文化的影響密切相關。

除了社會文化的影響外，我們還會根據一些生活經驗對別人產生偏見和刻板印象，這種根據經驗所產生的直覺判斷往往更難解除。例如一個人在租房時被仲介欺騙過，損失了一筆錢，當再次遇到一個房屋仲介的工作人員時，他就會下

意識覺得對方不是好人，是個騙子。他會因為偏見和刻板印象而對對方產生誤解和敵意，而非同理心。

在一系列的複雜刻板印象和心理偏見的影響下，我們的同理心能力會被削弱，我們理解對方的能力也隨之降低。因此**我們若想要變成一個具備同理心的人，就必須收起自身對他人的偏見和刻板印象。**

---

1. 輪效應（Halo Effect）又稱「光環效應」，由美國著名心理學家桑代克（Edward Lee Thorndike）於二十世紀二〇年代提出的。是指我們對他人的認知首先根據初步印象，然後再從這個印象推論出認知對象的其他特質。也就是人們對人的認知和判斷往往只從局部出發，擴散而得出整體印象，即是常常以既定印象概全。（資料來源：維基百科）。

共情力與同理心

第 5 章

「同理心」讓我們彼此相連

同理心是一種站在他人角度看問題的能力，與人性自私的內在驅動力一樣，同屬人性的一面。當你想要理解他人，最簡單有效的方法就是直接溝通，而非無端揣測對方感受。

因為這種相互猜忌的溝通模式，不僅會消耗你的精力，還會導致你誤入歧途，誤解他人的真正感受。

片由 Joe 在 Pixabay 上發佈

深植人性之中的善念

人類發展出同理心，這是長期演化的產物，並已深深紮根。

　　美國心理學家、新行為主義的主要代表人物伯爾赫斯 • 弗雷德里克 • 史金納（Burrhus Frederic Skinner）在對白老鼠、鴿子等動物進行了精密的實驗研究後，提出了操作性條件反射原理。他設計和發明的「程式教學」和「教學機器」在二十世紀六〇年代的美國風靡一時，且對西方教育界產生了深刻的影響。直到如今，史金納的思想在心理學研究、教育和行為矯正治療中仍然被廣泛應用。

　　在研究心理學前，史金納的人生目標是進行文學創作，他在大學期間就創作過許多詩歌、小說，且經常在漢彌爾頓學院（Hamilton College）的學報上發表文章，有幾部小說還得到了文學大師羅伯特 • 弗羅斯特（Robert Lee Frost）的肯定和稱讚。在從漢彌爾頓學院畢業後，史金納向父母保證，

共情力與同理心

在接下來的一年中完成一部偉大小說的創作。

　　整整一年內，史金納沒有創作出任何作品，他每天靠著閱讀、整理、彈琴和製作模型來打發時間，在一年之約快要到頭時，史金納向父母認錯，他承認自己不適合文學創作，所以決定放棄寫作。對於史金納來說，這一年是他人生的轉振點，他決定去研究科學，科學才是二十世紀的藝術，史金納所選擇的科學就是心理學。這一年的蹉跎時光在史金納的自傳中被稱為「黑暗之年」，令他不堪回首。

　　史金納在研讀了行為主義心理學的創始人約翰・布羅德斯・華生（John B. Watson）所著的《行為主義》[1]後，立刻決定投身於行為主義心理學的研究。行為主義是心理學派的一支，主要研究人的行為，並認為人的行為相較於意識、情緒等內心活動是唯一能夠觀察和量化的，通過行為才能夠科學研究人類的心理。

　　在行為主義流派看來，人類的行為是對環境的反應。史金納認為自己文學創作的失敗正好可以用行為主義的觀點來解釋，是因為文學本身的錯誤，是當時的環境不適合創作，而不是他自身的問題。

　　更重要的是，行為主義讓史金納相信心理學是一門科學，如果他能掌握這門科學，就可以解釋和預測人們的生活，

未來就可以有效地控制人們的行為。在史金納後來提出的理論中，控制和自由兩個詞語頻繁出現，他用自己的理論創作的小說《桃源二村》主要圍繞著行為操控的觀點展開，他認為行為操控的觀點可以運用到社會管理中，進而創造出一個烏托邦社會。

書中描述的「桃源二村」是一個由上千戶人家組成的理想化社會，在這個社會中，私有制的家庭已經消失，所有的居民都居住在聯合公寓中，父母不必花費時間和精力去照顧孩子。所有孩子從出生起就被安置到托兒所，有人專門照顧他們。當孩子有照顧自己的能力後，就被送到集體宿舍居住，一直到十三歲左右可以搬到他們自己的公寓。

在人類社會中，家庭是最基本的社會生活單位，也是人類社會賴以維繫的基礎。家庭所具有的經濟功能和心理功能不可取代，家庭成員之間可以進行互惠互利的經濟合作，保持著親密關係，而親密關係有利於一個人的心理健康。也就是說，家庭是人類根據自己的天性所需發展出的社會生活單位。可在史金納所虛構的「桃源二村」中，家庭不再存在，他認為社會規則可以取代家庭的存在。

在「桃源二村」中，所有人都需要到公社餐廳用餐，他們居住的公寓沒有任何炊具設備，公社餐廳會為所有人提供健康的飲食，每個人都不用再為做飯煩惱，不用在做飯上浪

費時間，也不用承擔撫養孩子的負擔。而史金納在「桃源二村」這個烏托邦中取消了金錢，每個人的勞動不再用金錢衡量，但每個人卻必須得完成一千二百個工分，工分聽起來雖多，但工作量卻只會花費每個人每天四個小時。當然不同的工作的工分也不一樣，令人愉快的工作的工分就沒有令人討厭的工作的工分多。

由於每個人都能在「桃源二村」中獲得幸福美滿的生活，所以史金納認為公社中不會存在監獄、精神病院，也沒有失業、戰爭和犯罪。

「桃源二村」中的所有女性會從做家務、帶孩子的負擔中解放出來，可以像男人一樣參加工作，充分發掘自己的潛能。生活在這個烏托邦中的所有人，不必和他人建立聯繫，也不需要和他人互惠互利，只需要感謝社會制度即可，他們在這裡工作效率更高，生活也更幸福。至於適婚年齡的問題，史金納建議每個青年在十六、七歲的時候就結婚生育。所有夫妻的結合都是他們自願的，史金納認為這樣的婚姻關係更容易使夫妻雙方白頭偕老。

每對夫妻也不用為金錢、家務和孩子煩惱，每個成員的一切基本需求，例如食物、閒暇活動、衣服、醫療服務、教育、老年及健康保險等全部由公社提供，史金納認為這樣人們才有時間和精力投身於藝術、科學研究，才能在好奇心的

指引下實現自我價值。

在史金納看來，一般人不具備正確撫養兒童的知識和設備，應該將撫育孩子的工作都交給專家來統一撫養。這裡不存在所謂的正規教育，每個人都能得到個別化教育，按照自身的潛能發展自己。老師也不再是知識的灌輸者，他們化身為指導者，指導每個學生發揮自身潛能。公社中不存在文憑一說，每個人到了大學階段也可以全憑個人愛好去學習和思考。

儘管史金納虛構的「桃源二村」這個烏托邦十分美好，但他卻忽略了人性，即我們渴望與母親、與他人建立情感聯繫的天性。史金納認為孩子從出生起就應該由專家撫養，因為一般的父母不具備撫養孩子的知識和素養，他認為在集體環境下長大的孩子會更健康，而且「桃源二村」中的成年人也會將所有孩子都當成自己的孩子，每個兒童會將每一個成年人看作自己的父母。

母愛重要且關鍵，避免心理困擾重獲幸福

史金納的這項觀點其實與華生十分相似，在華生看來，母愛並不是每個人的必需品，相反華生將母愛看成是一種危險的感情。在母愛的作用下，母親會無微不至地照顧孩子，華生認為這種照顧會使孩子養成軟弱、恐懼和自卑的性格，

共情力與同理心

會毀掉孩子的未來，像擁抱、親臉這樣的親昵動作尤其不應該存在。

華生曾設想過建立一個幼兒園，與自己書中的「桃源二村」撫養孩子的方式一樣，每個孩子從一出生起就被送到幼兒園撫養，這裡沒有父母，只有專家，他們會對孩子進行科學的撫養。每當孩子表現不錯時，就會得到獎勵，有時是被人碰一碰，有時是物質獎勵。在華生看來，物質獎勵具有驚人的效果，人們應該有組織地給兒童發放物質獎勵。

母親是我們每個人一生中最重要的人，我們在小時候每當遇到不開心的事情，例如跌倒，就會向母親尋求安慰。長大後，我們似乎不再需要母親，我們開始與其他人建立聯繫，例如朋友關係、愛人關係，但母親是我們心的歸屬，無論何時何地，我們都堅信母親在我們背後愛護並支持著我們。

與母親的相處模式，都將會是我們日後處理各種人際關係的範本，我們在與他人相處的過程中，必然會受到與母親相處模式的影響，成人之間的其他一切社會關係都建立在此基礎之上。

華生的觀點在二十世紀二Ｏ年代得到了公眾的支持，當時許多女性想要擺脫家庭外出工作，獲得經濟獨立，華生所提出的觀點恰恰迎合了她們的心理需求。但華生提出的「母愛是過分溺愛孩子」的觀點在如今看來卻顯得荒誕不經，心

理學家哈利‧哈洛（Harry F. Harlow）用實驗證明：**母愛重要且關鍵。**

哈洛在拿恆河猴做實驗時發現，一隻猴子如果在孤獨的環境下長大，沒有母親的照顧，即使牠的生存環境十分乾淨衛生、食物充足，牠也無法健康長大，甚至會伴隨出現許多心理問題，尤其是社交能力不健全。當哈洛將這些孤獨的猴子放入猴群後，他發現牠們不僅沒有社交技巧，甚至連社交的欲望也沒有，只會獨自蜷縮在角落裡，無法像其他猴子那樣進行正常的社交、交配和撫育後代。

哈洛的實驗充分證明了母愛的重要性，如果一個人早年無法得到母愛，沒有得到像華生所忌諱的擁抱、愛撫等親昵動作，那麼他終其一生都會被心理問題困擾，無法獲得幸福。

與母親的相處是每個人人際關係的開始。人是社會性動物，這意味著我們無法脫離人際關係而生存，因為我們的心理已經完全適應了社會生活，如果我們無法與他人建立聯繫，經常處於落單的狀況，那麼我們的心理狀態就會變得相當糟糕，甚至會影響身體健康以及壽命。例如一起生活了許多年的夫妻，如果遭遇喪偶，那麼活著的另一半往往會長時間地處於消沉狀態，甚至連活下去的欲望也沒有，因此許多喪偶的人很容易酗酒、抑鬱，死於心臟病、癌症的概率通常也很高。

共情力與同理心

根據統計資料顯示，夫妻雙方中若有一方過世，另一半在半年之內死亡的機率其實很高。

作為群居哺乳動物的人類，個體與個體之間的相處依存必不可少，它已根植於人性之中，尤其是親密關係，對我們每個人來說尤其重要。與母親的相處會為我們將來處理親密關係打下基礎，如果我們真的像「桃源二村」這個烏托邦中那樣，從出生起就被安排到托兒所生活，得到史金納所說的最科學的教育，卻失去了母愛，那麼我們也就失去了與他人建立親密關係的能力，失去了幸福的能力，就會變得像哈洛實驗中的猴子一樣，被焦慮、孤獨籠罩一生，沒有社交的欲望，也沒有活下去的欲望。

「家庭」這個基本社會單位的存在，不僅是為了親屬之間進行互惠互利的經濟合作，更是為了滿足我們的心理需求，這是人性的必然。一個人如果想要與他人聯結，建立親密關係，就必須獲得一種情感，這種情感能讓人感到關愛和溫暖，被稱為「同理心」。

有了同理心，我們就能想像自己站在對方的立場上，瞭解對方的感受和看法，從而思考自己該如何做。在同理心的作用下，我們會意識到他人的感受與自己不同。如果沒有同理心，母親將無法感受到孩子的需求、痛苦，也無法給予孩子關愛和溫暖；沒有同理心，我們也就無法與他人建立聯繫，

人際關係將無法開展。

　　人類群居的特點，使得人類發展出了同理心，這是長期演化的產物，且已經在我們的心中深深地紮根了。

---

1. 一九一三年發表的一篇名為《從行為主義者看心理學》的論文，或稱《行為主義者宣言》。作者於文中概述心理哲學的主要特徵，並稱其為「行為主義」，而此文更清楚描述了華生的行為主義立場。

共情力與同理心

惻隱之心，人皆有之

放下不安全感，你才有機會為減輕他人痛苦盡責。

兩千多年前，孟子提出了「惻隱之心」的概念，在他看來每個人都有惻隱之心，每當看到他人受罪，自己就會感到痛苦。孟子的「惻隱之心」主要包括兩個方面：**一是對他人的痛苦感同身受，二是對他人幸福的關心**。

惻隱之心也被稱為「不忍人之心」[1]，具體是指當我們看到他人陷入困境時，我們會產生一種不忍的情緒。如果將含義擴大，惻隱之心就是指我們會對他人的痛苦產生傷痛反應，會對他人的處境產生共鳴式的情感反應。

為了說明惻隱之心的存在，孟子列舉了一個「孺子將入於井」的例子。當我們看到一個小孩掉入井中時，我們就會產生惻隱之心，這不是因為想要和這個孩子的父母拉關係，

不是因為想要在鄉鄰朋友中博取聲譽，也不是因為討厭這孩子的哭叫聲而產生的不安。這是因為每個人都有惻隱之心，當我們看到另一個人遭遇險境或痛苦時，我們就會不安，這是一種我們自己都無法控制的衝動。

惻隱之心與情緒感染以及強大的聯想能力密切相關。情緒感染意味著我們很容易受到他人情緒、情感的影響，例如當嬰兒聽到其他嬰兒在哭泣時，他也會哭泣。在「孺子將入於井」這個例子中，當一個人看到小孩子快要掉入井內、露出驚懼痛苦的表情時，他會立刻被小孩子的表情感染，出現驚恐不安的情緒。

我們會不由自主地關心他人的情緒和行為，這是我們的社交天性，人們天生對他人感興趣，容易將注意力放在對方身上，並且極易受到影響。當我們在傾聽一個人講述悲傷的故事時，我們會不由自主地和對方做出同樣的表情，比如皺起眉頭甚至流淚，還會受到對方情緒的影響，更個人悲傷了起來。雖然我們彼此之間是相互獨立的個體，但情感感染讓我們彼此相連，使我們能精確地捕捉到對方的情緒、情感等資訊。

當然，情感感染不僅意味著痛苦、悲傷可以傳遞，還意味著我們能對他人的快樂感同身受。例如當你笑著面對一個陌生人時，對方通常會不由自主地露出笑容，這是因為對方

共情力與同理心

被你的快樂感染了。別人就相當於你的一面鏡子，你的笑聲會反射回來，因此如果你想讓身邊的人快樂，最好的辦法就是讓自己快樂，當你快樂的時候，對方的心情會因你而受到感染，也會跟著變得快樂起來。當然你也會受到他人笑聲的感染，會因爲他人的快樂而快樂。

惻隱之心是助人，換位思考更具成效

　　人同時還具有很強的聯想能力，例如常見的觸景生情。這種聯想能力促使我們生出惻隱之心，我們會根據聽到、看到或讀到的人或事，而做出不同的設想，借助聯想的能力，感受到對方的處境和心情。每當我們聯想到他人處於痛苦之中時，惻隱之心自然而然就會出現。例如當我們聽到朋友摔斷了腿，即使我們沒有聽到他痛苦的呻吟，也沒有看到他痛苦的表情，我們也會通過聯想感受到他的痛苦。

　　只對他人的痛苦感同身受，是否會促使我們向對方伸出援助之手呢？不一定。我們可能會幫助他人擺脫痛苦，畢竟我們會因爲他人的痛苦而不安，幫助了他人也就是幫助自己擺脫不安。但我們還有其他辦法擺脫不安，例如儘快離開現場，眼不見心不煩，或者使自己變得麻木、冷漠，許多醫護人員長期暴露在病人的痛苦中，爲了不讓不安的感受折磨自己，他們往往會選擇讓自己逐漸對痛苦感到麻木……。

孟子講過一則故事，一個君主坐在朝堂上，看到有人牽著一頭牛從朝堂下走過，君主就隨口問了句：「準備把牛牽到哪裡去？」

　　那個人回答說：「要把牛殺死，用它的血祭祀。」君主一聽覺得很殘忍，他似乎看到牛露出了恐懼的表情，於是君主就下令饒這頭牛一條性命。可祭祀得照常進行，該拿什麼替代呢？

　　君主於是想出了用羊來替代牛的辦法。這位君主只看到了牛害怕的樣子，可他不忍心看到此景，於是就下令用羊替代，畢竟他看不到羊。

　　孟子這則故事中的君主和所有人一樣，具有惻隱之心，不忍心看到牛痛苦，也不忍心看到牛流血、送死，他會因此感到不安，為了消除這種不安，君主想到了用羊替代。這顯然不是一個好辦法，卻能幫助君主減輕自身的不安。除了用羊替代外，君主還可以遠離屠宰場，看不到牛羊的痛苦，他自然就不會不安了。

　　但這算不上真正的惻隱之心，或者只能說是惻隱之心的一部分。我們天生對他人的痛苦敏感，能夠分享他人的情感，但這遠遠不夠，這種能力無法讓我們將人與人聯繫在一起，也不具備任何積極的意義。想讓惻隱之心起到積極作用，我

共情力與同理心

們除了要對他人的痛苦感同身受外，還要關心他人是否幸福，從而幫助他人減輕痛苦。

孟子認爲，一個具有惻隱之心的君主，不僅要對臣民的痛苦感同身受，還要關注在如何才能幫助臣民擺脫苦難上。也就是說，**惻隱之心的主要目的是助人，而助人的前提是站在他人立場上進行思考和感受，進而根據對方的特定需求，施以援手。**當我們進入他人的情境中時，我們就能擺脫自己的感受，從而能更好地想像並理解他人的痛苦，而不是只關注自己的不安以及將注意力都集中在如何緩解自己的不安上，對幫助他人減輕痛苦毫不在意。

1.出自《孟子 · 公孫丑上》。

與他人心靈相通的能力

心意相通活化情感互動，加深彼此親密感受。

二〇〇八年5月12日下午2點28分，四川汶川發生了大地震。地震發生後不久，許多人奔赴抗震救災一線，員警蔣曉娟就是其中的一員。她當時還在哺乳期，孩子只有六個月大，需要母乳餵養，但地震發生後，蔣曉娟只能將孩子先送到自己父母親那裡，拜託父母親幫忙照顧幼子，自己則奔赴前線救災。

當時來自北川、平武的災民大量湧入江油市，導致江油市的飲用水、食品、醫藥用品等物資出現短缺，再加上地震造成的交通堵塞，使得各種救災物資匱乏。其中最讓人無奈的是嬰兒食品、用具的匱乏，例如配方奶粉、奶瓶等。

地震發生後，救災棚轉移來了許多嬰兒，不少嬰兒的父

共情力與同理心

母在地震中喪生。由於沒有奶粉，被轉移來的嬰兒只能喝一點水和稀飯，除此之外沒有其他東西可以吃。成人餓肚子尚可忍受，但嬰兒卻毫無招架餘地，許多小嬰兒被餓得哇哇大哭……。

蔣曉娟來到救災現場後，聽到嬰兒們因為飢餓而哭喊，心裡很焦急。她立刻想到自己的兒子，心想如果兒子餓成這樣，她一定會十分心疼。當下，蔣曉娟想到自己正在哺乳期，奶水充足，留著也沒用，倒不如讓災區的嬰兒吃。於是，蔣曉娟朝著一個正在哭鬧的嬰兒走過去，心想：「讓我來餵這個寶寶喝奶吧……」接過孩子後，蔣曉娟立刻坐下來並撩起上衣來給孩子餵奶，情急之下根本忘了避開周遭的視線。

事後，蔣曉娟回憶：「當時腦袋裡只有一個想法，就是趕緊讓孩子吃飽，根本忘了附近還有那麼多人，甚至忘了自己還穿著警服。」

五天後，災民安置點的物資源源不斷地送進來，奶粉用量不再吃緊，蔣曉娟也可以喘口氣了，趁著一天的假期回家看兒子。回家後蔣曉娟才得知斷奶的兒子一直很排斥米糊之類的食物，蔣曉娟立刻給兒子餵奶，她想趁著這一天的假期讓兒子吃得飽飽的。臨走前，蔣曉娟非常不捨，但一想到安置點的那些孩子，她就覺得自己的兒子還是很幸福的。

5 月 22 日，蔣曉娟得知自己獲得「全國公安系統二級英雄模範」的稱號，當下第一個反應是吃驚，覺得自己只是做了能力所及的小事，沒想到竟獲得這麼高的榮譽，讓她深覺受之有愧。可災民們卻十分感謝蔣曉娟，有一位母親在接受電視台採訪時更表示：「我真心覺得自己的小孩好有福氣。」

　　楊春香是一名六十歲的老婦人，她的孫子彬彬也喝過蔣曉娟的母乳，當記者向她打聽這件事時，她一邊站起來，一邊將懷裡的孩子高高舉起讓記者看，她由衷感謝地說道：「這個女警官的心腸實在好慈悲啊！」

　　彬彬的媽媽陳華堂在地震中受到了驚嚇，再加上連日奔波導致營養跟不上，奶水就斷了，她曾試圖給孩子餵奶粉，但彬彬因不習慣奶粉的味道而不肯吃，經常餓得大哭。陳華堂記得特別清楚，16 日下午 5 點，一名年輕的女警來到了她身邊，在隨口問了兩句後，就解開衣服將彬彬抱過去，給彬彬餵奶。陳華堂當時感動極了：「那個女員警很年輕，長得很漂亮，穿得也很整齊，我們農村的娃娃，這幾天帶著他四處跑，也沒收拾，女員警卻一點兒也沒嫌棄。」

　　而那些接受過蔣曉娟餵養之恩的孩子長大後，一直與蔣曉娟保持著聯繫，逢年過節就會打電話向蔣曉娟問好。每年的正月初五，他們的父母就會帶著孩子從鄉下來到蔣曉娟家裡聚會，他們都喊蔣曉娟為「蔣媽媽」。

共情力與同理心

同理心激化「利他」意願，加深與人的聯繫

人性有其自私的一面，絕大多數人最在乎的都是自己的利益，當個人利益遭受侵犯時，我們會想盡辦法維護自己的利益，甚至訴諸暴力。因為自私，我們常常將個人的利益擺在首位，以自我為中心。在自利的驅動下，我們會為了各自的利益努力，只為自己著想，在與他人的競爭中不擇手段。但同時人性中也有利他的一面，我們在同理心的影響下關注他人的利益，必要時伸出援助之手，還會因看到他人快樂而獲得愉悅感。

人類是崇尚競爭的動物，卻也提倡合作。如果說競爭對應的是人性中自私的一面，那麼利他就對應著合作。一個人不論有多在意自己的利益，也都會去關注他人的利益，想要他人也獲得幸福，即使他人的幸福快樂根本無法給自己帶來絲毫益處，他也能從他人的快樂中感到愉悅，這就是同理心在發揮作用。

如果沒有同理心，蔣曉娟就無法對災區嬰兒的艱難處境感同身受，也就無法將自己的乳汁分享給災區的嬰兒，這些嬰兒就只能在饑餓下哭鬧個不停。

身為一名母親，蔣曉娟希望災區的這些孩子能和自己的兒子一樣快樂，所以當聽到孩子們因饑餓而哭鬧時，蔣曉娟

立刻想到了自己的兒子，她很心疼，於是決定給孩子們餵奶。蔣曉娟在做這個決定的時候，並沒有想過自己會獲得國家的表揚，也不會想到自己會因為這件事被破格提拔為副政委，她覺得自己只是在做一件力所能及的小事，這是她的同理心在起作用，她能從中感受到愉悅。

人與人之間的競爭是必不可少的，競爭使我們變得自私，變得以自我為中心。但同時人類還具有同理心，同理心是一種使我們與他人心靈相通的能力，在同理心的影響下，我們會暫時拋開人性中自私的一面，轉而為他人考慮。

同理心讓我們願意站在他人立場上思考，想像自己處於他人處境時又會怎麼樣。因為同理心，我們才會關心他人的利益，做出利他的行為，甚至會為了他人的利益而行動，哪怕會損害自己的利益。蔣曉娟哺乳的照片在網上迅速走紅後，給她帶來了許多麻煩，她受到了一些網友的詆毀。但蔣曉娟並不後悔做這件事，否則她不會和那些孩子們保持聯繫，而且每逢正月初五都會相聚。蔣曉娟雖然沒有從孩子們那裡獲得實質性的利益，但孩子們的那一聲「蔣媽媽」已經令她心滿意足。

同理心促使人們做出利他行為，加深人與人之間的聯繫。因為同理心，我們開始為他人著想，而在關心他人、給予他人溫暖的過程中，我們自己也會獲得快樂。除了快樂外，

共情力與同理心

同理心還會促使我們走出封閉的自我，獲得良好的人際關係。據蔣曉娟的同事說，蔣曉娟平時就是一個十分熱心腸的人，她會給災區的嬰兒們餵奶完全是意料之中的事。在人際關係上，蔣曉娟處理得很好，這得益於她的同理心，蔣曉娟能主動關心他人，他人自然也會關心蔣曉娟。

我們每個人都被各式各樣的人際關係圍繞，許多人都被破裂的人際關係深深困擾著，而導致關係破裂的根源就是缺乏同理心。

在一段關係中，如果沒有同理心，雙方就會感覺自己的需求與感受遭到了忽視，雙方的誤會就會越來越深，關係只會漸漸破裂到無法修復的地步，最終以分開告終。如果說同理心能夠促進關係的維持，那麼它也能修復破裂的關係。在一段破裂的關係中，如果雙方都能多去照顧對方的感受和需求，那麼同理心將會發揮作用，雙方也能藉此加深彼此之間的聯繫。

因為同理心，蔣曉娟能夠毫無顧忌地給災區的嬰兒們餵奶。同樣因為同理心，當蔣曉娟因為閒言碎語而苦惱時，她的丈夫主動寬慰她，讓她不要在意那些閒言碎語，只要將自己的日子過好就行了。同理心使一個人能夠做到與他人在思考和情感上相通，這是一種心靈相通的能力，我們能從中獲得快樂和良好的人際關係。因為同理心，我們才加深了彼此

之間的聯繫。

　　一個缺乏同理心的人，往往無法妥善處理人際關係，因為他對自己造成他人的傷害不以為然，更感受不到旁人痛苦，自然容易遭到他人的反感與排斥。我們都願意和與自己心意相通的人在一起，並且想要得到他人的理解。心意相通會加深彼此之間的聯繫和感情，使我們與他人保持融洽、親密的關係。

共情力與同理心

同理心讓你的自我感覺變得更好

學會傾聽自己的感受，並且將它清楚地表達出來。

劉秀華的兒子正處於青春期，她發現自己經常與兒子發生衝突。

某一天早上，劉秀華實在不想起床，她感覺心情很糟糕。可是她並不在意，毫不理會自己的心情，因為她覺得自己是個內心強大的成年人，不應該為自己不穩定的情緒操心。於是劉秀華起床後像往常一樣為一家人準備早飯……。

上班後，劉秀華又與同事發生了爭吵。一天下來，劉秀華感到心力交瘁，於是她再次與兒子發生了爭吵。

劉秀華對自己的情緒和情感需求毫不在意，她活在日復一日的匆忙之中，不願意將時間浪費在整理自己情緒上，也不願意靜下心來思考自己為什麼總是與身邊的人發生衝突？

這些衝突使得她的心情更加糟糕，她不僅自己飽受糟糕情緒的困擾，還將糟糕的情緒轉移到了身邊人身上，她的兒子和同事都受到了影響。

顯然地，劉秀華是一個對自己和身邊周遭的人都缺乏同理心的人。

如果劉秀華是個有同理心的人，她就會十分在意自己的情緒。在早上起床感覺心情很糟糕時，她就會靜下心來思考糟糕的情緒會給自己這一天帶來怎樣的影響，她會聯想到接下來的這一天可能會因情緒不好而發生許多不順利的事，而自己這一整天都將在灰暗中度過。

接下來，劉秀華應該抽出一些時間來梳理自己的感受，思考自己這糟糕的感受到底是什麼樣的情緒，是疲勞，是焦慮還是憤怒？劉秀華最終總會想明白，她糟糕的情緒是壞情緒經年累月的累積，她昨天晚上與丈夫發生了爭吵，她為此心情非常鬱悶，卻不知道該如何緩和雙方的關係。而且劉秀華還面臨著忙碌的一天，她知道自己上班後要和同事一起處理棘手的材料，一想到這些，劉秀華就感到焦慮，由此變得更加煩躁。

對劉秀華來說，缺乏同理心的她很難在意自己的感受，她不會想辦法消除個人的負面情緒，只會將負面情緒暫時擱

置起來。一個對自己缺乏同理心的人，自然也會對身邊的人缺乏同理心，劉秀華無法理解他人的情緒，只會將自己的負面情緒傳染給身邊的人，甚至會認為就是身邊的人在惹自己生氣。這使得劉秀華與丈夫、兒子、同事之間極易發生衝突。

當意識到自己心情不佳時，劉秀華就應該找丈夫談一談，將自己壓抑的感受告訴丈夫，並表示希望得到丈夫的理解。如果丈夫能理解劉秀華，那麼劉秀華就會感到輕鬆，她的負面情緒將可消除一大部分，這樣也有利於緩解兩人的衝突。

如果劉秀華能坐下來好好和兒子談談，而不是一味地指責，告訴兒子她昨晚與丈夫發生了爭吵，心情很糟糕，而且接下來的一天要面臨棘手的工作，壓力很大。那麼兒子一定會理解劉秀華，他會明白媽媽心情不好的原因，可能會安慰媽媽，這種安慰對劉秀華來說一定可以起到積極的作用，這樣她在上班時心情就會變得輕鬆許多，這種輕鬆的心情也有利於她和同事處理緊張的關係。

如果劉秀華能再與同事交談一下，將自己的緊張感告訴同事，雙方互相傾訴工作中煩惱、緊張的情緒，那麼他們雙方的心情都會變得更好。這一天下來，劉秀華的生活品質將會大大提高。

過度壓抑情緒感受，恐對旁人視若無睹

同理心對每個人來說必不可少，它能使我們更清楚地認識自我、瞭解自己和他人的情緒，從而消除個人的負面情緒，找到處理人際衝突的辦法，使自己感覺更好。同理心在給我們帶來高品質、感覺更好的生活的同時，還能幫助我們理解他人的感受、意願和動機，使得我們在與他人相處時更加和諧。

嘗試當一個具備同理心的人看似十分簡單，但真正能夠做到的人卻很少。許多人從小就被教育要控制好自己的情緒，我們生活在一個崇尚理智的時代，情緒、情感的表達被視為脆弱。就像上述案例中的劉秀華一樣，她從小被教育要保持強大的內心，不要在意糟糕的情緒，可情緒、情感對人的影響要遠遠大於理智。

從某種程度上來說，追求理智是一種妄想，因為人是情感動物，情感在長期的進化中起到了相對重要的作用，儼然已成為人類的基本需求，想要變得完全理智，絲毫不受情感、情緒的影響，是一個不可能完成的目標。許多人之所以追求理智、強大的內心，是因為他們發現情感、情緒更難駕馭。

每個人都希望生活在一個可控的環境內，當他感到失

共情力與同理心

控，周遭的一切不受自己控制時，他就會感覺糟糕透了。因此許多人會迴避自己的情感、情緒，如同劉秀華一樣，將糟糕的心情擱置起來，但糟糕的情緒一直都存在，它需要一個發洩口，這下劉秀華身邊的人就倒楣了，他們會莫名其妙地承擔劉秀華的負面情緒。

許多人都有這樣的經歷，被父母教訓不要任性、不要哭、不要生氣，總之就是不要隨意地表達自己的情緒、情感。漸漸地，我們開始明白，我們不能自由地表達個人的情緒、情感，否則就會遭到父母的批評。當我們開始將父母的教育內化成自己的觀點時，我們就開始認同父母的觀點，想要成為一個控制自己情緒、情感，隨時表現得有教養、大方得體的人，且不再輕易表達自己的感受。與此同時，我們也就喪失了成為一個具備同理心的人的大好機會，成了一個不在意自己感受的人，也不會花費精力去理解他人。

許多父母在教育孩子的時候，通常會以懂事、不鬧、安靜為準則，這其實剝奪了孩子自由表達個人情感的權利。每個人在幼年時期都會本能地表達自己的情緒，例如憤怒、憂傷，但許多父母在處理孩子的情緒時往往會採用不正確的方式，例如嘲笑、謾罵、體罰等，孩子會因此受傷，同時明白了自由表達自己的情緒會受到傷害，為了避免再次受到傷害，孩子會漸漸學會壓抑自己的情緒，脫離自己的情感世界。

於是當他長大成人後，他就會成為一個缺乏同理心的人，不去傾聽自己的內在感受，也不會去傾聽身邊人的感受。

小玉就是這樣一位母親，她的女兒五歲了，已經在她的教育下變成了一個安靜、懂事的小女孩。一天小玉帶著女兒逛超市，經過零食區的時候，小玉的女兒看到了貨架上的一袋餅乾，她小聲地對媽媽說，她想吃那個。小玉直接回了句，吃吃吃，就知道吃，給你一巴掌你吃不吃？聽到母親的話，女兒沒有鬧，她只是低下頭安靜地從那裡走過。

其實小玉完全可以好好和女兒解釋，告訴她吃零食不好，應該好好吃飯，或者告訴女兒這個零食太貴了。小玉的這一句謾 在日常生活中十分常見，她根本不會去考慮女兒聽到這句話的感受，所以她的女兒早早地就學會了壓抑自己的情感、情緒，不會輕易表達真正感受，變成了一個安靜、懂事、不為自己爭取的「好」孩子。

哭、鬧是每一個正常孩子都有的表現，他在用這種方式表達自己的感受，這個時候父母正確的做法是傾聽孩子的感受、情感，耐心地做出引導，而不是用簡單粗暴的謾 、懲罰的方式來讓孩子安靜下來，因為這只會使孩子喪失身為一個幼兒應該有的正常反應，不再吵吵鬧鬧，不再為自己爭取，也不去在意自己的感受。於是，他開始變得安靜、懂事起來，被拒絕時不會煩躁、不會哭鬧，更不會尖叫或跳腳，他成了

共情力與同理心

成人眼中的乖孩子，卻也喪失了自我。

　　乖巧懂事的孩子在許多大人看來是最成功的教育，一個安安靜靜的孩子才能不給大人帶來麻煩，大家才會覺得他可愛，進而表揚、讚賞他。而實際上，這樣的教育只會使孩子成為一個缺乏同理心的人，他會被各種負面情緒困擾，進而突然情緒爆發，將憤怒和失落轉移給身邊的人，成為一個不會處理負面情緒的人。

　　人是有感情的動物，會出現各種各樣的情緒，會感到快樂，也會感到焦慮、憤怒、恐懼，我們要做的**不是壓抑自己的負面情緒，而是理解、接受，並學會調節**。我們越是壓抑、不在意負面情緒，就越容易被負面情緒擊倒，且很可能做出不恰當的行為。在上述案例中，劉秀華早晨起床時心情很糟糕，而她不去在意糟糕的心情，於是她與兒子發生了衝突，帶著更糟糕的心情出門上班，又和同事發生了爭吵。

缺乏同理心的人，難以接納自身情緒

　　人無法做到純粹的理智，如果能，那麼那樣的人也不能稱之為人，只是一台會思考的機器，只有情緒、情感，不管是正面的還是負面的，才能夠反映出我們是一個人。當我們出現快樂、好奇等積極情緒時，說明我們的心理狀態很好。

相反，如果出現了負面情緒，當我們被鬱悶、憤怒、焦慮等情緒困擾時，則說明我們的內心出現了問題。負面情緒的產生相當於一個信號，讓我們更加關注自己的內心世界，它可以幫助我們認清自己的感受，促使我們更好地瞭解自己。但前提條件是，我們必須騰出一些時間，哪怕是很短的時間，來整理自己的情緒。

想要成為一名同理心者，我們要做的第一步就是尊重自己的內在感受，以寬容的心態來接納、感知和理解自己的各種情緒、情感。只有接納了自己的情緒、情感，我們才能進一步瞭解自我、理解自我，從而恢復同理心。否則一個對自己都缺乏同理心的人是難以接受他人身上的負面情緒的。

缺乏同理心的人，往往無法接納自己的情緒，他們認為自己不應該聽從自己的感受，而要控制住情緒，將時間用來整理情緒是浪費，不應該這樣做。如果我們不去在意自己的真實感受，不去傾聽自己的負面情緒，那麼我們的負面情緒就會持續佔據著內心，外界的一點兒刺激都會促使我們將負面情緒發洩出來。

例如劉秀華的兒子只是早飯吃得少，這本是一件再小不過的事情，卻令劉秀華十分憤怒，緊接著她向兒子發洩了自己的鬱悶、焦慮和憤怒。莫名其妙被媽媽痛　一頓的兒子，自然會受到媽媽負面情緒的影響，他也變得特別生氣，就和

共情力與同理心

媽媽爭吵起來。

　　想要做一個同理心者，我們必須得學會傾聽自己的感受，將自己的感受準確地表達出來。在表達自己情感、情緒的同時，我們也就會正視自己的真實感受。只有這樣，我們才能在意和理解身邊人的感受。

透過後天訓練而來的同理心

每個人的幼年時期，是培養同理心能力的關鍵時期。

同理心是一種能力，它能幫助我們處理各種人際關係，使我們在人際交往中與他人建立信任。有的人天生擁有這份能力，他能在與他人交往時，理解對方的處境和感受，產生同理心。例如朋友母親去世這件事情，如果你能對朋友產生同理心，即使你沒有失去父母，你也會體驗到失去母親的感覺，懂得去想像一個在自己人生中扮演那麼重要的角色的人不在了，你再也見不到她，感受不到她的愛和支持，進而心生悲痛。

同理心會促使你設身處地去想像朋友所體會到的喪親之痛。可如果一個人缺乏同理心，他就無法對他人所經歷的事情產生共鳴，雖然能理解對方在經歷痛苦，卻沒有相應的情感反應。有的缺乏同理心的人甚至無法做到理解對方的處

共情力與同理心

境，也就是從認知上都無法理解對方。總之，同理心能力包括認知、情感和行為，缺少其中一部分，就是缺乏同理心。除了先天的同理心能力外，我們也可以通過後天的努力培養出同理心能力，例如有意識地關注他人的想法、感受，就能將自己潛在的同理心能力激發出來。

在一項實驗中，被試是來自美國各地的大學生，他們被要求觀看一張年輕的非裔美國人的照片，然後寫一篇文章來描述照片上的人一天的生活。被試者共分成三組，其中一組是控制組，實驗者只要求他們描述照片上的人的生活，除此之外沒有交代任何資訊；對照組的測試者則被要求，在描寫時儘量避免摻雜個人的刻板印象；實驗組的測試者被要求進行角色轉換，在描寫時將自己想像成照片中的人，從自身的角度去看待周遭發生的一切，然後將你想像到的這個人一天的生活寫下來。

實驗結果顯示，實驗組的人所描述的主題更為正面，然後是對照組，最後才是控制組。實驗會出現這樣的結果，其實與各組測試者同理心能力的激發程度有著很大的關聯性。實驗組的人在被要求進行角色轉換的時候，就開始將注意力和視角放在了照片中的人物身上，而不是自己，他們不會因為對非裔美國人缺乏同理心而認為對方會度過很糟糕的一天，故而描述內容也就更正面。

當我們試著進行角色轉換，我們的同理心能力就會漸漸被激發出來，也就更加理解對方。這項實驗也證明了，**同理心是一項能力，可以通過後天的訓練激發出來**。作為社會性動物，我們天生就具有同理心，**每個人的幼年時期是培養同理心能力的關鍵期。但並非人人都可充分把握，原因是若想在幼年期培養同理心，關鍵因素取決於父母的態度**，而非自己。當我們成年後，如果飽受缺乏同理心能力的困擾，我們便可有意識地培養自己的同理心，例如進行角色轉換，留意旁人的感受等。

培養同理心並不難，存乎是否有心為之

如果想要培養自己的同理心，我們可以從以下幾個方面入手：

第一，**將注意力放在對方需求上，從認知上瞭解對方的需求**。一個人如果想要對另一個人產生同理心，就必須得從某件事情著手，通過這件事瞭解對方的需求，和對方產生同理心。

第二，**接納他人的價值觀**。每個人都有不同的價值觀，接納他人的價值觀也是一種能力，而且我們在接納的同時就會產生理解。例如親人去世會感到痛苦，這是大多數人的價

值觀，我們很容易產生同理心，但如果你遇到一個人，他的寵物狗去世了，他十分痛苦和難受，就如同失去至親般，如果你不接納他的價值觀，就無法理解他的這份痛苦，就會覺得不至於如此。無法理解對方的痛苦，我們就無法產生同理心。但接納他人的價值觀應該有一個前提，即融入人類的共同價值觀，在接納對方價值觀的同時，要先思考它是否違反了人類的共同價值觀，例如我們不能去接納一個變態殺人狂的價值觀。

第三，**暫時放下自己的主觀立場**。大多數人習慣性的思考方式就是從自己的主觀角度、經驗出發，分析他人的遭遇，甚至會對他人的反應進行批判。這是同理心能力訓練的大忌，沒有人願意被人批判，人們都希望得到他人的理解，尤其是一個承擔痛苦的人，他需要的不是一個指揮自己該如何解決當前困境的人，而是一個能理解自己，站在自己的立場上傾聽自己經歷的人。

第四，**與對方產生共鳴，建立連接關係**。具體做法是暫時放下自己的懷疑和觀點，從對方的角度去看待事物，當然這並不意味著你要贊同他的想法，只是在與對方產生同理心時對對方的經歷感同身受，與對方一起思考，這樣雙方才能產生共鳴，才能建立一種連接的關係。例如我們在與他人進行交流的時候，儘量問一些開放式的問題，不要帶著批判的

態度，這樣才能促使對方說出自己的心事和感受，讓你更好地理解他。＇

　　例如「你說你失戀了，可以說說你的感受嗎？」在這種開放式的問題下，許多人都會願意傾訴，說出自己的感受。但如果換成「不就是失戀了嗎？誰沒經歷過，沒事，天涯何處無芳草⋯⋯」這就直接將自己的觀點強加給對方了。

　　第五，**利用「反射」技巧來加深彼此交流**。在心理諮詢過程中，心理諮詢師為了促進來訪者繼續敘述，表達出更多的內容，通常會採用反射的技巧誘導來訪者說下去。反射是指將來訪者的想法或感受，以反射的方式說給來訪者聽。例如來訪者表示自己犯錯但不希望被人批判時，心理諮詢師會說：「聽起來像是你犯錯的時候，總覺得別人在批評你。」

　　這種反射的技巧在人際交往中也可以使用，它不僅可以起到促進對方繼續敘述的作用，也在向對方表達自己在認真傾聽。反射的技巧看起來十分簡單，但是實踐起來卻相當有難度，因為這意味著你要將注意力都放在對方身上，放下自己的主觀感受，認真傾聽對方講話，從而做到真正理解對方的想法和感受。

　　第六，**適度地聊聊自己，藉以促進雙方的共鳴**。在交流過程中，如果一個人總是談及自己，將注意力都放在說自己

共情力與同理心

的事情上，那麼對方就很難敞開心扉和他進行交流，因為對方會覺得你對自己比對他更有興趣。因此如果你想要多瞭解對方，應該將話語權交給對方，儘量少談及自己。不過，適當的自我暴露有利於共鳴的產生，只是要注意在進行自我暴露時不要過度，最好選擇有共同感受的經歷，因為相同的經歷和感受有利於雙方發生共鳴。

第七，**讓自己和對方保持適當的距離**。同理心會促使我們雙方相互理解，拉近彼此的距離，但距離並不是越近越好。如果你太過投入對方的主觀世界，你就會將對方的情緒當成自己的情緒，那會使你無法分清楚自己與對方之間的界限，使雙方之間的界限模糊。而如果你只將注意力放在自己身上，那麼就無法產生同理心，無法與對方建立聯結。

你需要在與對方相處的過程中，慢慢探索與對方之間最恰當的距離。

權威宰制下的「從眾」心理

請反醒自己判斷命令是否得體，是否違背道德、法律。

電影《服從》（*Compliance*）中的主角貝姬是個金髮女孩，她有著天使的容貌和魔鬼的身材，有許多追求者，她頗為得意，且經常向人們炫耀。貝姬在一家速食店工作，但她與店長桑德拉的關係不怎麼好，在桑德拉宣佈自己要結婚的消息時，店裡的員工紛紛表示開心和驚喜，但貝姬只隨口說了一句「恭喜」之類的話就繼續做自己收銀的工作，並未多做表示。

某一天，桑德拉向所有員工宣佈，速食店前天晚上發生盜竊事件，一塊價值不菲的食材不見了。她一邊提醒著大家今後多注意，一邊時不時地將目光停留在貝姬身上，顯然她懷疑是貝姬偷了食材。

共情力與同理心

就在速食店營業的用餐高峰期間，桑德拉接到了一個陌生人的電話，電話那邊的人自稱是員警，名叫丹尼爾，他接手了一起速食店被盜的案件，所以打電話前來核實情況，希望速食店的人員能配合員警查案。他還向桑德拉透露，貝姬的嫌疑最大，她不只犯下了偷竊罪，還有其他罪行。

桑德拉覺得這個電話有些莫名其妙，但她還是決定按照丹尼爾的要求去做，因為對方是員警。於是桑德拉找人代替貝姬收銀，將貝姬帶到了速食店的倉庫，向貝姬詢問此事，而貝姬自然否認這項指控。但電話那頭的丹尼爾說，他馬上就要趕到速食店了，他要求桑德拉先替自己檢查貝姬的私人物品。貝姬急於證明自己的清白，想都沒想就答應了。可是桑德拉並未在貝姬的私人物品中發現被盜物品。

丹尼爾通過電話，向桑德拉和貝姬表示，如果按照正常流程，他得將貝姬帶走，貝姬也許會被拘留幾天，但也有辦法讓事情不那麼複雜，那就是立刻搞清楚狀況，最簡單的做法就是搜身，而且是脫衣搜身。貝姬答應了，她將衣服脫得只剩下了內衣內褲。可員警依舊說這無法證明貝姬的清白，他說有許多小偷都喜歡將偷來的東西藏到內衣內褲裡。接下來，貝姬全裸了，桑德拉只能給她一件圍裙，讓她勉強遮住了身體。

當時店裡正值用餐的高峰期，桑德拉只能叫來一個店員

和自己換班，利用

換班的方式來監視貝姬。可不論是對桑德拉還是其他店員，電話那邊的員警丹尼爾的態度都很強硬。桑德拉和店員都執行了他的命令，直到監視者換成了一個男店員。

在電話中，丹尼爾要求男店員將貝姬的圍裙脫掉，繼續檢查貝姬的身體。男店員一聽覺得這個要求很過分，於是他將電話扔到一邊離開了。桑德拉無奈之下主動給丹尼爾打電話，問他下一步該怎麼做。丹尼爾說讓桑德拉的未婚夫檢查貝姬的身體，桑德拉居然同意了，她將未婚夫叫來，並讓他遵從丹尼爾的指令檢查貝姬的身體，她的未婚夫沒有拒絕，貝姬也沒有拒絕，她脫掉遮擋身體的圍裙，讓一名陌生男子給自己做檢查。顯然，電話對面的人並非員警，而是一個心理變態狂。

在丹尼爾的要求下，桑德拉的未婚夫開始檢查貝姬的胸部，然後是私處，最後他更性侵了貝姬。等桑德拉再次來到儲藏室時，一切都已結束，她的未婚夫氣喘吁吁地離開現場。

之後，一個上了年紀的修理工順勢接替了桑德拉的監視工作。

這名修理工立刻警覺到丹尼爾不是員警，而是騙子。他走出房間告訴桑德拉，丹尼爾下達的指令很變態，桑德拉這

共情力與同理心

時方才意識到自己上當受騙了。最後，真正的員警受理該案件，並且找到了丹尼爾。

丹尼爾這個有著變態嗜好的騙子，其實擁有一份體面的工作，還有一個幸福的家庭，妻子很漂亮、女兒很可愛。但隨著整起案件的深入調查，警方發現受害者不止貝姬一人，早在貝姬之前已有多名女性上當受騙。

丹尼爾這個變態的騙子只用一部電話，就能將幾個人騙得團團轉，順利從事一些違法的事情，這劇情未免太過匪夷所思。可更令人驚訝的是，這部電影是根據真實案件改編的，也就是說，這樣荒唐的事情竟然真實發生過，而且不止一起，據說在美國有三十個州超過七十起同類型的案件，曾被媒體報導過……。

在電影的結尾處，律師事務所的人告訴貝姬，她可以透過刑事起訴桑德拉和速食店，從中獲得賠償。

現實中的當事人也確實透過起訴獲得六百多萬美元的賠償。不論是電影還是真實事件，除了丹尼爾這樣的變態騙子外，還有桑德拉這樣的協同作案者，他們的行為才更讓人吃驚。因為對桑德拉來說，丹尼爾只是一個陌生人，而桑德拉作為店長，平常經常指使別人，似乎不管店內發生什麼事情，一切都在她的掌控之中。可就算如此，她還是服從了丹尼爾

下達的各種不合理甚至違法的指令，例如讓未婚夫監視赤身裸體的貝姬，並爲貝姬進行身體檢查。

對於桑德拉來說，儘管她與貝姬關係不和，但她和貝姬共事了很長時間，彼此之間應該有一定的信任基礎。可在貝姬向她求助時，桑德拉卻表現得冷漠無情，她寧可相信電話那邊的一名陌生人的話，按照他的指令去做，也不去理睬貝姬的求助……。

爲什麼會這樣呢？只因爲她覺得對方是員警。事後桑德拉在接受一個訪談節目的採訪時表示，自己也是受害者，而貝姬所做的一切純屬自願，她對貝姬沒有任何歉意。而員警作爲執法機構的代表，具有一定的權威，人們在權威面前的態度通常傾向服從，哪怕是放棄道德底線。在權威面前，大多數人都會本能地配合和服從，甚至做出一些逾越常理的事情，**因爲服從能爲他們省去許多不必要的麻煩。**

貝姬與桑德拉一樣都是輕易向權威低頭的人，貝姬爲了服從權威不僅放棄了道德底線，甚至連自己的權利也放棄。否則當丹尼爾命令她脫衣服檢查時，她就該知道拒絕。事後，有人問貝姬當時爲什麼沒有拒絕，貝姬只回答說：「我不知道，我只知道自己必須這麼做……」

共情力與同理心

對抗權威時易敗下陣，因為害怕痛苦與焦慮

　　人在做決定的時候很容易受到情緒、權威、社會規則等因素的影響，當貝姬和桑德拉面對員警這樣的執法權威時，他們會和大多數人一樣喪失最基本的自我反思能力，會變成傀儡，任由對方支配，哪怕已經損害到了自身的利益。這源於**人類對權威的恐懼**。而且丹尼爾這個假員警一直在強調自己的員警身份，這給貝姬和桑德拉的心理帶來了巨大的壓力。在權威之下，對每個人來說最簡單、最輕鬆的做法就是服從。

　　人們在服從權威的時候會喪失自我，不再將自己看成一個獨立的個體，也會主動將思考的權利讓出，成為權威的授權者或化身。這樣一來，人們在服從權威行事的時候就會容易得多，因為他們認為自己是在按照命令列事，不必為自己的行為負責。一旦消除了責任感，人們在按照權威做壞事的時候，就更容易說服自己。例如桑德拉在訪談中表示，她自己也是受害者，並且對貝姬毫無歉意。

　　在對抗權威時，同理心很容易敗下陣來，多數人在選擇服從權威時，會自動將自己的感受、道德判斷關閉，這樣一來，他們在按照權威的指令做事時才不會痛苦，不會因為認知失調而焦慮。貝姬作為一名受害者，她的同理心功能關閉

了，否則她不會不在意自己的感受，按照假員警的命令將衣服脫掉。

當她遭受猥褻，甚至是性侵時，她也沒有覺得自己遭到了侵犯，因為她已經不在意自己的感受了。桑德拉作為協同作案者，如果她的同理心沒有遭到權威的壓制，她就不會在貝姬向她求助時表現得那麼冷漠，也不會對假員警的命令唯命是從。每當貝姬、桑德拉出現猶豫時，假員警就會表示這是員警的工作，是必須履行的程式，這會給兩人造成對方只是在執行規範的假像。而且假員警在下令時顯得斬釘截鐵、沒有絲毫猶豫，具有十足的權威性。

大多數人會選擇服從權威，放棄自己的同理心，是因為我們從小就生活在一個被教導要服從權威的環境中，例如我們從小就必須聽從父母、師長的意見，否則就會被批評或遭受懲罰。長大後，我們身處的社會也在時刻教導我們要服從權威，因為對抗權威往往會帶來許多不必要的麻煩。在這樣的環境的影響下，我們輕易地將服從權威內化成自身的一部分，輕易地向權威低頭。

不過並非所有的人都會盲目地服從權威，例如電影《服從》中的修理工，他沒有因為對方的員警身份而放棄自己的同理心，他知道員警的命令是在侵犯貝姬的權利，並表示自己不能按照員警的命令去做，因為這是不得體的事情。

共情力與同理心

對於一個願意在權威面前保持同理心的人來說，他不會盲目地順從權威，而是對權威進行思考，判斷權威的命令是否得體，是否違背道德、法律。

阻斷情感反應的距離，有多遠？

人們的同理心，多半取決是否將對方視為「自己人」？

第二次世界大戰期間，納粹屠殺了將近六百萬名猶太人，這種大規模的屠殺不僅僅是依靠納粹完成的，其中有數十萬普通德國人充當了共犯。但在戰爭結束後，這些人並未以戰爭罪被起訴，因為他們當時只是在工作，在執行任務，他們只負責了整個流程中最微小的一個環節，也就是說他們並未直接進行大屠殺。他們都是相當普通的人，與我們沒有什麼兩樣。

阿道夫‧艾希曼（Otto Adolf Eichmann）[1] 作為屠殺猶太人的主要設計者之一，在接受審判時提到了他和同僚如何設計整個屠殺流程，甚至連細節都考慮到了，例如如何讓運送猶太人的列車能夠按時抵達集中營？

對於大部分普通德國人來說，他們只是在完成工作而

共情力與同理心

已，所以他們從來不會問爲什麼要這麼做。

艾希曼等人設計了一個殺人鏈條，這個鏈條上的每個德國人都參與了屠殺，但沒有一個人需要對這項嚴重的犯罪負全面責任，因爲他們只是參與了其中的一個環節而已。他們當中很多人的工作看起來都平平無奇，例如有人只是將所在轄區內的猶太人統計造冊，然後呈交給上級，他並未抓捕任何一位猶太人，更未屠殺猶太人，只是按照上級的要求交遞名單；也有人的工作是按照名單抓捕猶太人，然後將他們送往火車站；有人則是將猶太人送上火車，至於猶太人會被送往哪裡，他們並不關心，也不想知道；有人則是開火車，將一列車的猶太人送往指定地點。直到最後一個環節，有人將猶太人驅趕到一個封閉的空間內，然後打開淋浴器，釋放毒氣……。

所有參與屠殺猶太人的普通德國人所做的一切工作看似再正常不過，根本沒有嚴重到該受懲罰的地步，他們也不必內疚，可這一個個微不足道的工作，卻足以構成了大屠殺這項十分嚴重的罪行。

我們的同理心會因空間距離受到影響，當受害者距離我們很遠時，他對我們來說就是一個抽象而遙遠的人，他的痛苦我們就無法充分地感同身受。相反地，如果受害者在我們面前受苦，我們目睹了受害者的痛苦，這個視覺線索就會激

發我們的同理心，使我們更加充分體悟到受害者的感受。

反觀若艾希曼下達的命令是讓每個德國人親手殺死一個猶太人，那麼將會有很多德國人難以執行這項命令，可艾希曼將整個大屠殺設計成一個環環相扣的過程，這給每個參與的德國人減少了相當多的心理衝擊，他們的同理心因為距離而變弱，畢竟殺死猶太人對他們來說太過遙遠了，他們只是需要一份工作來養家活口，若不乖乖執行整理名單、開車之類的命令，反而變成他們必須面臨失業，無以維持家計。

始終視他人為異類，遇事從不關心且冷漠

因為遙遠的空間距離，對方於我們而言就是陌生人，我們看不到對方，無法感受到對方的痛苦，也無法看見自己的行為給對方帶來了怎樣的影響。例如因為我們的同理心被空間距離所阻礙，我們常常會漠視偏遠地區貧困兒童的困難，不願意捐款。

相對於陌生人，我們更容易對家人、朋友產生同理心。我們的同理心會因為關係的親疏而變化，我們能輕易地感受到家人、朋友的痛苦，對他們感同身受，去理解他們，然後是熟人、鄰居，最後才是與我們毫不相干的陌生人。對於那些距離我們的生活十分遙遠的陌生人，我們幾乎無法對他們產生同理心，因此在他們遭遇不幸時，我們通常會表現出事

不關己的冷漠。

我們的同理心除了會受到空間距離的影響，還會受到社會距離的影響。人們傾向於抱團取暖，將那些與自己有著相似教育背景、相同宗教信仰的人視爲「自己人」，認爲自己和他們屬於同一個團體，對於團體內的成員，我們更容易產生同理心。相反，我們也會因爲社會距離，將對方視爲異類，在產生同理心的時候就會受到阻礙。

電影《狙擊‧309》中的女主角柳德米拉‧米哈伊爾洛夫娜‧帕夫利琴科是個神槍手，她的父親是名軍官，一直將帕夫利琴科當成一個男孩來培養。帕夫利琴科從小就展現出了過人的射擊天賦，在和男孩一起用彈弓打鳥時，她的槍法甚至比男孩們都要來得準。後來帕夫利琴科加入了射擊俱樂部，射擊技術越來越好。對於帕夫利琴科來說，她不必上戰場，也沒有人逼她參加戰爭，但帕夫利琴科堅持參戰，或許她希望得到父親的誇讚，也或許她低估了戰爭的殘酷性。

因為狙擊天賦，帕夫利琴科在軍中名聲大噪，她在第一次參戰時就憑藉自己沉穩的性格和高超的狙擊技術成功地摧毀了敵方的一輛坦克，立下大功。戰場不光給帕夫利琴科帶來了榮耀和立功的機會，還有難以忍受的殘酷，她能夠一次次地與死神擦肩而過，是因為戰友的犧牲，其中就包括她的三個戀人。

帕夫利琴科的第一任戀人是一名上尉，兩人在執行任務時萌生了愛情，但他因為救帕夫利琴科而死。帕夫利琴科還得到過一名軍醫的愛慕，當時戰爭就快結束，他們即將登上撤離的船，但軍醫將自己的船票讓給了帕夫利琴科，他留下來掩護撤退，卻沒能再回去。

戰爭讓帕夫利琴科奪走了許多人的生命，但也無情地奪走了她的戀人，或許最初主動參戰的帕夫利琴科從未想到戰爭會給自己帶來如此巨大的痛苦。她在五十八歲時去世，留下了這樣一段墓誌銘：「痛苦如此持久，像蝸牛充滿耐心地移動；快樂如此短暫，像兔子的尾巴掠過秋天的草原。」當帕夫利琴科與戰爭保持著一定的空間距離時，她無法想像戰爭的殘酷，所以她義無反顧地主動奔赴戰場，想要獲得一分令父親驕傲的榮耀。

可當她瞭解了戰爭的殘酷性後，她已經無路可退，她無法忘記戰爭帶來的陰影，也不能忘，否則就是對在戰爭中死去的戰友和戀人的背叛。

戰爭結束後，帕夫利琴科成為女英雄。後來帕夫利琴科作為蘇聯英雄受邀去美國白宮，她這樣的女英雄自然會得到許多人的注意，美國第一夫人好奇地問她是什麼兵種，帕夫利琴科說她是一名狙擊手。第一夫人難以置信地說：「一個女人，還是一名狙擊手，你到底殺死了多少男性敵人？」

帕夫利琴科面無表情地回答說：「三百零九位。」當帕夫利琴科說出這個數字時，她成功地引起了美國媒體的轟動，許多攝影機對準了她，有人甚至問她：「殺人到底是什麼感覺？」

帕夫利琴科堅定而冷靜地說：「我殺的不是人，是法西斯。」第一夫人對帕夫利琴科十分有興趣，為了更多地瞭解這個傳奇女英雄，她要求帕夫利琴科入住白宮。第一夫人在和帕夫利琴科生活了一段時間後發現，帕夫利琴科看起來是個滿身榮耀的女英雄，卻承擔了沉重而不為人知的傷痛。

帕夫利琴科能開槍射殺那麼多德國人，是因為社會距離，她不將對方視為自己人，而是應該消滅的法西斯。對於帕夫利琴科來說，她不會對法西斯產生同理心，也不會因射殺了三百零九名德國人而愧疚，這是因為社會距離使她無法與這些和自己相差太遠的人產生同理心。

當一個人面對自己所屬團體以外的陌生人時，他的同理心功能就會關閉。在帕夫利琴科射殺了一名德國軍官後，她面無表情地來到了他的屍體旁邊，這對她來說是再正常不過的事情，這名德國軍官不是她射殺的第一個人，也不會是最後一個，因此她的內心毫無波瀾。但這時她發現了一張照片，這是一張結婚照，上面是德國軍官與他穿著婚紗的妻子，看到這張照片時，一直面無表情的帕夫利琴科眼裡泛起了淚

花。這一刻她對死去的德國軍官產生了同理心，她開始將對方視爲一個人，而不是法西斯，意識到他和自己一樣，也是個飽受戰爭之苦的可憐人。

可辨識受害者效應：誤用同理心的後果

在一項實驗研究中，實驗者將測試者分爲兩組：自家人組和外人組。自家人組的測試者都是曼聯球迷，他們支持曼聯這一支足球隊，而外人組的測試者則由其他不同球隊的球迷組成。

實驗中，自家人組的測試者，其同理心似乎更爲強烈，每當有組員需要幫助時，其他的組員更願意伸出援助之手；而在外人組中，測試者的同理心就顯得微弱許多，當組員遇到困難需要幫助時，其他組員通常不會理會，而是繼續觀看足球賽，有的組員甚至還會幸災樂禍……。

這個實驗結果說明，**人們的同理心很大程度上取決於對方是否是「自己人」**。如果一個人對周圍的人有更強的認同感，認爲自己和他們屬於同一個團體，將他們視爲「自己人」，那麼他的同理心能力就會發揮作用，他在對方遇到困難時，更可能表現出有同理心的一面，更能理解對方的感受，也更願意伸出援助之手。相反，當我們認爲對方不是「自己

共情力與同理心

人」時，我們的同理心能力就會被抑制，就更有可能表現出冷酷無情的一面。

人們更容易對自己人產生同理心，有一定生理因素的影響。當一個人處於自己人的團體中時，他體內就會出現微妙的化學變化，會自然而然地分泌出更多的催產素。催產素和多巴胺一樣能讓人產生美好的感覺，它還被稱爲「愛的元素」。**在催產素的影響下，人類更容易對他人產生信任，也會變得更加友善，更容易激發出同理心能力。**

一個人容易對自己人產生同理心，這是再正常不過的事情，因爲自己人能爲他提供社會支持和心理支持，這都是我們每個人的本能需求。但人的認同感並非一成不變，它無法永遠保持一致性，這意味著我們的認同感可能會遭到人爲的操縱，也就是說，我們的同理心會成爲某些心懷惡意的人利用的工具。

想要對一個人產生同理心，我們就必須在心中喚起自己的情感反應，只有這樣我們才能對對方的經歷感同身受。但空間距離和社會距離會阻斷情感反應的喚起，因此我們在發揮同理心、設身處地爲他人考慮時，必須克服空間距離和社會距離所帶來的阻礙，只有縮短空間距離，消除彼此間的隔閡，我們才能更容易進行同理心想像。

此外，我們的同理心能力還會受到「可辨識受害者效應」的影響。所謂「可辨識受害者效應」就是指，如果我們得知一個活生生的、具體的例子，例如一個人的名字、年齡、性別、家庭情況等，然後將他所遭遇的困難具體化，那麼他的經歷就更能激發我們的同理心，我們就更願意捐款和救助他。

　　相反，如果我們面對的是一個統計資料，在面對抽象化的資料時，我們就會變得更冷漠，無法想像出資料背後是更多的受苦者，我們在捐款時也會變得吝嗇起來。也就是說，我們的同理心更容易對具體的人物或事情產生反應，人物或事情越具體、越與我們的經歷貼近，我們的同理心就越容易被啟動。

　　在一項實驗中，實驗者將被試隨機分為三個小組：控制組、煽情組和不煽情組。三個小組都有一個任務，就是決定給一個工人分配怎樣的工作，工作包括兩種：獎勵性工作和懲罰性工作。實驗結果顯示，控制組和不煽情組的測試者在為工人分配獎勵性工作和懲罰性工作時，所做出的選擇各占一半。

　　在煽情組實驗開始後，他們除了要瞭解這次的實驗任務，還會被額外要求閱讀一段工人日記。這是一段充滿了情感色彩的日子，工人在日記中記錄了自己的生活，包括與女

共情力與同理心

友分手、心情低落等細節。在最終做決定的時候，這組的被試更傾向於給這位工人安排獎勵性的工作，這與控制組和不煽情組的實驗結果形成了鮮明的對比。

這項實驗結果充分說明，我們的同理心會受到「可辨識受害者效應」的影響。煽情組大多數被試會選擇給工人安排獎勵性的工作，就是因為閱讀了工人的日記，這份日記讓工人這個形象變得更具體化，不再是個抽象的工人。

在另一項實驗中，實驗者安排了煽情組和不煽情組兩組。測試者被告知，現在有一個名叫謝里的小男孩，他身患重病，急需被送往急救室搶救，否則就會面臨生命危險，可在謝里之前還有許多病重的孩子在排隊等待搶救。而測試者目前擁有一項權利，可以決定是否讓謝里插隊接受治療，而這自然會給其他排隊等待救援的孩子造成不便，讓他們需要等待更長的時間才可能接受治療，而等待可能會危及他們的生命……。

不煽情組的測試者所得到的資訊，只有上述實驗者告知的這些，而煽情組則被安排觀看了一小段謝里的錄影，他們對謝里的病情有更直觀的體會。這段錄影影響了煽情組內許多測試者的決定，與不煽情組相比，煽情組的測試者更傾向於讓謝里插隊立刻接受治療。

這段錄影使得謝里與其他患者相比顯得更具體，測試者通過錄影瞭解了謝里所面臨的困境，其同理心被這種直觀的體驗激發出來，他們對謝里產生了同理心，想要幫助謝里戰勝病魔，卻忘記了那些排隊等待醫治的病患其實也和謝里一樣，飽受病痛的折磨。

　　「可辨識受害者效應」顯示出同理心的某些特點，卻也同時曝露了同理心的缺陷。一旦有人惡意利用這個效應，那他就可以藉此達到操控人們同理心的效果，並以此滿足自己的私利。

---

1. 此人為納粹德國前納粹黨衛軍中校，是二戰期間猶太人大屠殺的主要負責人之一，在此期間他組織和執行「猶太人問題最終解決方案」，二戰結束後移民阿根廷定居，後來遭以色列特務逮捕，並經公開審判後判處絞刑。

共情力與同理心

同理心的侷限

正視同理心帶來的壓力，預留空間讓彼此能溝通。

　　過去，人們總是不斷強調人性中自私的一面，認為只有競爭才能促進人類社會進步。而人性本是自私的，這個觀點自然能被大多數人認同並接受，進而成為社會上的主流觀點。但近年來，同理心開始漸漸取代了人性自私的觀點，我們開始相信同理心是人類與生俱來，能夠理解他人感受的一項能力，可以讓我們的生活更美好，也有利於推展工作，例如福特汽車公司（Ford Motor Company）就充分利用同理心來優化、改良產品，讓客戶們使用起來更加滿意。

　　福特汽車公司考慮到駕駛員可能會是懷孕的女性，她們在駕駛汽車的過程中，會因懷孕的不適感遇到很多困難，於是就要求工程師們試穿一種懷孕模擬服，做到從孕婦的角度理解懷孕的不適感，例如背痛、膀胱壓迫感、額外負重十五

公斤等。工程師們在體驗的過程中發現，以前的駕駛座位的設計會給孕婦帶來許多不便，例如四肢受限、姿勢和重心改變、身體不夠靈活等。

在體驗了一段時間的孕婦生活後，工程師們設計出了能為孕婦提供足夠舒適度的駕駛座椅，這無疑提高了孕婦們的用戶滿意度，也為福特汽車提高了銷量。後來工程師們開始準備體驗高齡模擬服，想要從老年人的角度去體驗駕駛的不便，例如視野模糊、關節僵硬等。

其實不只福特汽車公司在重視同理心方面做了許多工作，許多工程或產品開發領域的工作人員也發現了同理心的重要性。同理心可以幫助一個人獲得影響力，可以幫助一個人判斷對方的訴求，也可以協助一個人巧妙地與社交媒體粉絲進行互動。總的來說，同理心會給我們的生活、工作帶來種種好處；反觀同理心受損，則會影響我們對他人的理解。但同理心也存在侷限性，如果無法認清同理心存在的種種侷限，那麼同理心就會給我們帶來麻煩。

我們要認識到**同理心並非取之不盡、用之不竭的能力，它是需要耗費大量認知資源的能力，需要我們投入注意力。**我們在試圖理解他人的時候必須時刻保持專注，這意味著如果長時間地使用同理心能力，我們的認知會處於高負荷的狀態，從而出現同理心疲勞。這會給我們的心理帶來巨大的壓

力，導致我們不願意再理解他人的意願和能力，或者是出現慢性職業倦怠。因為許多人的工作需要投入同理心，同理心對他們來說是日常工作的基礎，例如醫護人員、心理諮詢師等。一項調查顯示，如果一名護士出現了同理心疲勞，那麼他會出現曠工、給藥差錯等行為，而且離職的概率會明顯增加。

與護士一樣，在慈善機構等非營利組織工作的人也屬於同理心疲勞高危人群，他們的工作需要消耗大量的同理心，而且他們的工作本身就需要高同理心，而他們的報酬通常會很低，因此他們主動離職的概率極高。此外，非營利組織的工作人員經常遭受公眾的質疑，在公眾的刻板印象中，非營利組織不能和盈利掛鉤，工作人員必須自我犧牲，甚至有人認為他們不應該獲得報酬。

管理者和客服人員也會面臨同理心疲勞的問題。管理者必須對員工產生同理心，然後才能瞭解他們的感受和想法，幫助他們戰勝職業倦怠，有效地激勵他們，從而達到提高工作效率的目的。客服人員在面對焦躁的客戶時，需要發揮同理心能力理解客戶，從而安撫好客戶的情緒。

同理心也會耗損殆盡，小心淪為資源分配

凡是對同理心能力要求過高的工作，都容易導致人們出

現同理心疲勞的狀況，因為他們每天的工作都會消耗掉自己大量的認知資源，久而久之他們就會因同理心的消耗而感到焦慮。而且對他人產生同理心並不意味著要犧牲自己的需求，否則會導致過度使用同理心的出現。

同理心疲勞屬於同理心侷限的一種，過度使用同理心能力會導致我們的精力和認知資源被消耗掉，我們會越來越少使用同理心，甚至不再對他人產生同理心。例如一個人的工作要求高同理心能力，他在工作中過度消耗了同理心，理解了客戶、同事，就無法在家中也做到如此，給家人的同理心就會變少。

在一項調查研究中，研究者調查了八百多名來自不同行業的人，瞭解他們在工作和家庭中如何分配同理心。調查結果顯示，一個人如果感覺自己在工作中過度使用同理心，經常傾聽同事、客戶的意見，理解他們，那麼他回到家後就無法做到理解家人，總覺得對家人缺乏耐心，與家人的感情欠佳，而且他總感覺工作會給自己帶來心理上的壓力，成為一種負擔。

為了避免同理心疲勞，人們很容易針對同理心出現所謂的「分配」行為，即更容易與「自己人」產生同理心，但對待「外人」則會顯得欠缺同理心。日常生活中，我們會自然而然地用上更多時間和精力去理解家人、朋友、同事，瞭解

共情力與同理心

他們的需求，表達自己對他們的關心，這會使你與親近的人之間的聯繫變得更緊密，同時也意味著，你沒有多餘的精力和時間來對「外人」產生同理心，你與「外人」建立關係的需求，將會因此被削弱。

在保護我們免受同理心疲勞困擾之餘，有效使用同理心能為大家免去許多麻煩，例如更加理解自己人會被視為偏袒行為，其他人會產生不公平感，從而感到不滿，還可能產生敵意。

在一項實驗中，實驗者將測試者分為兩組：自己人組和陌生人組，自己人組的被試之間都是朋友，他們彼此之間更能激發出同理心，而陌生人組則是由陌生人組成，他們彼此之間不認識。在接下來的實驗中，實驗者會對恐怖分子進行一番描述，然後詢問測試者是否同意將恐怖分子視為次等人，是否同意在逮捕恐怖分子後，對恐怖分子施加水刑、電擊等折磨性的懲罰。實驗結果顯示，自己人組的人更願意折磨恐怖分子，更願意將其非人化。當我們與朋友待在一起時，我們更願意將同理心分配給朋友，因此在如何對待恐怖分子這一負面印象的群體的問題，我們會吝嗇於同理心的分配，並不願將恐怖分子視為和我們一樣的人。

在現實生活中，上述實驗中的現象也十分常見，恐怖分子雖然距離我們甚遠，但同理心分配的現象卻涉及我們生

活、工作的方方面面，例如當我們將同理心分配給經常和自己一起工作的同事時，我們就更容易對不屬於自己團體的同事產生敵意，而這會使我們喪失跨部門、跨組織合作的機會。

同理心還會導致人們的道德判斷出現失誤。如果一個人屬於一個團體，且對團體內的成員有十分強烈的認同感，那麼他對團體的極端忠誠就會導致他將團體的利益視為自己的利益。當團體成員犯錯時，他會選擇視而不見，甚至會幫助團體成員說謊、作假、掩飾。例如在一個部門中，如果所有成員都對這個部門極端忠誠，將同事視為家人般的存在，那麼他對同事所產生的同理心就會影響他的道德判斷，當同事犯錯時，他不會願意舉報，甚至會 明同事掩蓋錯誤。

一個團體內的集體歸屬感越是強烈，個體之間的依賴性就越強，他們就越能理解彼此，但同時也會使他們對錯誤行為表現出寬容的態度。這種寬容的態度會削弱每個人的責任感，使人們將責任都推卸給集體，而不是犯錯誤的個體。也就是說，對自己人的同理心會使我們喪失公正意識，無法做到一視同仁。

當我們面對同理心疲勞、同理心分配、道德判斷失誤這些同理心的侷限時，我們該如何做才能避免被同理心侷限干擾，從而避免同理心侷限給我們帶來的負面影響？我們應該從以下幾個方面著手：

共情力與同理心

首先，我們要**正視同理心帶來的心理壓力**。想要避免這種心理壓力，我們就必須學會擺正自己的心態，不要只在意自己的利益，也不要犧牲自己的利益成全他人，而是找到雙方的共同利益，從而達到雙贏。這一點與商業談判十分相似，在商業談判中，如果雙方固守各自的利益，那麼雙方就會因為對抗心理而無法做到相互理解，談判無法進行下去，就會出現卡關的情況。而如果我們一味地犧牲自己的利益，那麼這場商業談判對己方來說也是失敗的。想要促進談判的成功，我們就必須找到共同利益，雙方都做出讓步。

　　同理心也是如此，理解是相互的，你不能一味地理解對方，滿足對方的需求，對方也應該對你產生同理心。你在發揮同理心能力的同時，也在享受同理心給自己帶來的良好感受和利益。

　　其次，**給自己喘息的空間**。同理心能力雖然會被消耗掉，但也會恢復，這與我們的精力十分相似，我們**需要讓自己的同理心休息**一下。例如一個人如果在非營利性組織內工作，他在工作中需要做到理解和應對他人的需求、利益和欲望，這個過程會使他消耗掉大量的認知資源。

　　為了避免同理心出現疲勞的情況，他就必須抽出時間考慮一下自己，讓自己的同理心得以喘息，在此期間只關注自身需求、利益和欲望，一段時間後他枯竭的同理心能力就會

恢復，他也能夠更好地理解和回應他人的需求。

　　最後，**要學會直接溝通**。當你想要做到理解他人時，最好、最簡潔的方式就是直接與對方溝通，而不是揣測對方的感受，因爲無端的揣測不僅會消耗掉你的許多精力，還會使你誤入歧途，對他人的感受產生誤解。此外，直接溝通還能爲我們的心理減壓，減輕心理負擔，做到正確地理解對方的感受。

共情力與同理心

挑戰錯誤的認知：
同理心的療癒作用

人們一旦欠缺同理心，對於自我情緒、感受的察覺力也會隨之下降，以至於無法真實感受自己內心的真實情緒和需求，進而陷入過度的自我關注中，導致自己更加無法與他人產生同理心。

由 Joe 在 Pixabay 上發佈

打開「自我察覺」之門

同理心是察覺自我的開端，我們因此重視自身情緒、感受。

　　「火柴人」是一個美國俚語，主要是指能讓人掏心掏肺外加掏錢的騙子。一個厲害的火柴人，即使只有一盒火柴，他也會通過十分高明的騙術，讓火柴的效能遠遠超過它本身所擁有的功能，從而讓許多人拿著現金搶著跟他買火柴。

　　在電影《火柴人》（*Matchstick Men*）中，主人翁羅伊·華勒就是這樣騙術高超的騙子，他不僅聰明而且大膽，利用人們愛佔便宜的心理獲得了大量的不義之財。更可怕的是，羅伊的騙術也一直在不停地變化、翻新著。

　　如果說行騙時的羅伊沉著冷靜，那麼獨處時的羅伊就會變得十分失控，失控到無法控制自己的精神狀態，只能依靠藥物。除了行騙外，羅伊幾乎不出門，他拒絕一切戶外活動，

共情力與同理心

拒絕陽光，每次去超市購物時都會戴著深色眼鏡。羅伊還拒絕一雙踩在地毯上的鞋子，拒絕掉落在游泳池裡的兩片樹葉，如果看到游泳池中有掉落的樹葉，他甚至會跳下水去將它撈起來……。

羅伊不僅有很嚴重的潔癖，還有強迫症，他無法忍受混亂的生活，必須保證一切井然有序，連開關窗戶都得連續三次。此外，他還無法忍受自己置身於開放性的空間裡，只能待在家裡，因為家裡的環境能夠讓他感覺一切都是可控的。

作為一個「火柴人」，羅伊生活在一個充滿謊言的環境中，他通過精湛的騙術獲得人們的信任，卻喪失了與他人建立正常人際關係的能力。他總是自我欺騙，認為自己的詐騙行為是一門藝術，他只是說服別人主動將錢給自己，認為自己既沒偷更沒搶，理所當然可以得到這些錢。

可是，這種自我欺騙卻無法讓羅伊騙過自己的良心，在他的內心深處，明白地知道詐騙錢財是一項極不光彩的行為，他一直在為詐騙承受內心的道德譴責。羅伊雖然得到了許多錢，但他卻不快樂，反而更加孤獨和空虛，所以，他只能將自己封閉在一塵不染的家中，藉此獲得短暫的安寧。

弗蘭克是羅伊的行騙搭檔，他與羅伊完全不同，他對行騙沒有任何罪惡感，為了騙到更多的錢，弗蘭克希望羅伊能

去看心理醫生。而就在一次詐騙的行動中，羅伊的精神狀態差點讓他們的任務失敗。當時，羅伊和弗蘭克成功騙取了一個女人的信任，就在女主人打開門讓兩人進入家門時，羅伊看著打開的門突然失控，他好像突然從家裡走到門外一樣，開始顯得不安、焦躁，不過幸好弗蘭克控制得當，安撫了羅伊的失態⋯⋯。

在第一次與心理醫生溝通時，醫生希望透過溝通來多多瞭解羅伊的情況，可羅伊對這次的談話根本毫無興趣，只想著讓醫生儘快開藥給他，因為他認為吃藥就會減輕症狀。而醫生明知道羅伊有潔癖，卻故意將兩隻腳擱到桌子上，並將沾滿灰塵的鞋底對著羅伊⋯⋯，羅伊看到這個當然無法忍受，但為了得到藥所以只能強迫自己忍受。其實醫生之所以這麼做，無非是為了瞭解羅伊的忍受底線在哪裡？但幸好，羅伊成功控制住了自己。

在之後的談話中，醫生瞭解到羅伊曾有過一段支離破碎的婚姻，和妻子離婚時，妻子甚至已有兩個月的身孕。最後，他給羅伊開了藥，並告訴羅伊這是最新研發的藥物，能夠幫助羅伊減輕症狀。但事實上，這只是一種保健藥品，根本不是精神類藥物。可神奇的是，羅伊的強迫性行為居然在吃藥後獲得緩解，不過醫生曾叮囑他必須按時吃藥，否則強迫性的症狀就會加重。而醫生故意開假藥給他，則是因為他認定

共情力與同理心

羅伊的強迫性行為並非病理性的，而是心理因素在作祟。

在第二次心理諮詢中，羅伊向醫師敘述了自己十多年前的感情生活，並在離開前向他求助，因為他想和前妻聯繫……，羅伊顯然已經開始信任他。與第一次參加心理諮詢時不同，羅伊已經不再介意敞開的大門和他那雙沾滿灰塵的鞋底，他不再為此感到不安、焦躁，因為他的注意力已經全部放在表達內心的快樂和苦惱上。

但事實上，這名心理醫師其實是弗蘭克的同謀，弗蘭克一直想將羅伊手中的錢騙走，可他根本不瞭解羅伊，所以無從下手，於是他找來這名同夥幫自己。兩人從羅伊那裡得知，他和前妻有一個孩子，而根據這則訊息，弗蘭克精心設計了一場大騙局。

某一天，羅伊失手將藥瓶打翻，平時他全靠這些藥物來控制自己，沒有藥物的羅伊開始焦躁不安，可當時醫師正在外地度假，所以他只能等醫師回來。而在接下來的幾天內，羅伊發狂似地打掃房間，將每件擺設都擦拭得乾淨無比，甚至將屋內的每個角落裡的灰塵都清理乾淨，這讓羅伊筋疲力盡，而弗蘭克因於心不忍，所以為他臨時找了一個心理醫生。在治療過程中，羅伊意外得知自己和前妻有一個女兒，名叫安潔拉。

不久，一個名叫安潔拉的十四歲女孩闖入了羅伊的生

活，她讓羅伊相信自己就是他的女兒。安潔拉的到來整個打亂了羅伊的生活，羅伊在不知所措的同時，開始享受和安潔拉的相處，他想要成為一個好爸爸，這段親密而真誠的人際關係讓羅伊感到快樂而滿足，他產生了金盆洗手的念頭。可羅伊不想讓安潔拉知道自己是個騙子，他謊稱自己是個古董專家。

然而紙終究包不住火，女兒還是知道了他的秘密。但當安潔拉知道羅伊是個騙子後，不僅沒有嫌棄他，反而對騙術產生了極大的興趣。羅伊當然不願讓安潔拉成為一個騙子，但經不住安潔拉的請託，他終於答應帶著安潔拉「出獵」。很快地，羅伊就發現安潔拉在行騙上很有天賦，她在短時間內便成為羅伊的得力助手。羅伊在欣喜之餘也開始擔心，他希望安潔拉能儘快收手，他不願意女兒像他一樣變成一個「火柴人」。於是在一次行騙成功後，羅伊斥責安潔拉，希望她把這筆贓款物歸原主。

又有一次，羅伊和弗蘭克精心設計了一場騙局，想要掉包某位富商裝滿錢的箱子。可這時意外發生了，富商發現有人要偷錢，於是一直追趕他們，幸運的是，安潔拉及時出現，她當時正在禮品店給羅伊挑選禮物，在安潔拉的幫助下，他們成功逃脫，只是禮品店的監控攝影機竟拍到了安潔拉的樣貌⋯⋯。

共情力與同理心

這次的意外讓羅伊下定決心結束騙子生涯，他甚至還想盡力爭取安潔拉的撫養權。這時，富商找上門來了，而羅伊正和安潔拉待在家中，三人發生了爭執並且扭打起來，混亂中安潔拉開槍射殺了富商，羅伊為了保護安潔拉準備頂罪，要求弗蘭克帶著安潔拉趕緊離開。羅伊隨後返家準備處理屍體，而就在這時，有人襲擊了羅伊，羅伊失去了意識……。

　　等羅伊清醒後，他發現自己躺在病床上，旁邊的員警正在等他交代安潔拉和弗蘭克的下落。一心想要保護安潔拉的羅伊提出要見心理醫生。羅伊將保險櫃的密碼偷偷告訴他，囑咐他如實告訴安潔拉，保險櫃裡有羅伊的全部積蓄。

　　等他離開後，羅伊躺在病床上等待法律的制裁。又過了一會兒，羅伊開始覺得很熱，他衝著門外喊道：「請打開冷氣……」但根本沒人理會羅伊，羅伊只能下床去查看，等他打開房間後發現門外根本沒有站崗的員警，而他也根本不在醫院裡，這只是一間看起來很像醫院病房的普通房間。

　　羅伊離開後隨即去找前妻，從前妻那裡得知她在離婚後沒多久就流產了。這時羅伊方才恍然大悟，他根本就是陷入了一個精心設計的大騙局，弗蘭克就是這個騙局的設計者，心理醫生和安潔拉都是同夥，其目的就是將羅伊的百萬財產騙走。

　　羅伊瞬間變成身無分文的窮光蛋，行騙十幾年的結果就

是掙得一個人財兩空的下場。但羅伊並沒有因此消沉，因為他已經決定金盆洗手，這次的遭遇讓他明白自己真正想要的幸福是什麼？他只想做一個平凡的好人。從此，羅伊蛻變成為一名快樂的推銷員，並和前妻復婚，過著幸福的生活，他再也沒有出現過強迫性的行為。

一年後，羅伊意外地與「安潔拉」相遇，羅伊沒有斥責和拆穿她，只是和以前一樣與她聊天。

臨別前，「安潔拉」問他：「難道你不想知道我的名字嗎？」

羅伊說：「我已經知道妳的名字了。」

女孩愣了一下，笑著對羅伊說：「我還會來看你的，爸爸……」

在影片的結尾處，羅伊回到家中，妻子正在廚房忙碌，餐桌上擺放著飯菜，羅伊從背後環抱著妻子，並且慢慢地俯下身去傾聽妻子肚子裡的胎兒心跳聲……。

自己「想要」的，並非是自己「需要」的

羅伊會被強迫性行為和潔癖所困擾，是因為他承受著很大的壓力和痛苦。他以為自己需要大量的金錢，於是他去行

共情力與同理心

騙，通過精湛的騙術得到了許多錢，他將這些騙來的錢存到一個保險櫃裡，密碼只有自己知道，這是他最看重的東西。但其實他內心深處知道行騙是錯誤的，這導致羅伊始終無法獲得快樂，故而一直被種種心理問題困擾。當羅伊遇到了心理醫生他和「女兒」安潔拉後，他與他們建立了信任、親密的關係，這讓羅伊的壓力減輕許多，他不再被心理問題困擾。最終，羅伊雖然意識到自己被騙，但同時他也明白自己真正需要的是什麼？

在現實生活中，我們許多人都像羅伊一樣，被巨大的壓力和痛苦困擾，過度關注自我，無法與他人建立信任的關係，在工作、生活中缺乏同理心，沒有能力接受同理心，也無法給予他人同理心，尤其**缺乏一段親密關係，讓我們的壓力越來越大，生活越來越痛苦。**

羅伊曾經是個失敗者，十多年前的羅伊失業、酗酒，喝醉後的羅伊總是變得很暴力，不堪忍受的妻子只能選擇離婚。妻子離開後，羅伊開始一個人獨自生活，他意識到金錢的重要性，成了一個騙術精湛的人，賺到了很多錢，還有了一個搭檔弗蘭克，可他並不信任弗蘭克。

當羅伊和這名冒充的心理醫生建立同理心後，他開始跟他傾訴自己的心事。向他表達自己行騙的過程，其實就是一個更加準確地瞭解自己的過程。例如在第二次心理諮詢中，

羅伊談起了自己過去十多年的感情生活，還懇求他給自己的前妻打電話，羅伊渴望重拾這段感情，渴望建立一段親密的關係，有妻子、孩子，只是羅伊此時並未意識到自己內心的渴望。直到他知道這一切都是騙局後，他才真正瞭解了自己內心的渴望。其實就算這不是一場騙局，羅伊也會在和安潔拉的相處中漸漸瞭解自己真正想要的是什麼，進而決定金盆洗手。

因為自從羅伊和安潔拉在一起後，他不止一次想要結束騙子生涯。

當我們與他人產生同理心後，彼此之間就會建立信任，這種信任的關係會促使雙方進行真誠的交流，當他人向你表達自己時，你能帶著同理心耐心地傾聽，更加準確地感知對方的需求。當然這種建立在同理心基礎上的交流是互惠式的，你也會從對方那裡接受關心。

對方雖然是個假冒的心理醫生，但他卻做到了一個心理醫生應該做到的傾聽，其本意是想透過認真傾聽瞭解羅伊的渴求，進而幫助弗蘭克設計一場騙局，但他的認真傾聽反倒讓羅伊開始願意表達自己。在最初接受心理諮詢的時候，羅伊並不想說太多，他和許多因為巨大壓力而被迫接受心理諮詢的人一樣，渴望能快速地減壓，例如透過藥物，因為它們認定只有這樣才能讓自己覺得好過一些。

共情力與同理心

但慢慢地，羅伊在與他交談時不再那麼急功近利，他對快速見效的藥物的需要不再那麼急迫，他的節奏因為傾訴而逐漸緩和下來。而當羅伊終於將自己深藏心底的那段十多年前的情感生活說出口後，他自然也就從這當中被解脫出來了……。

作為弗蘭克的同謀，心理醫生的身份理該被質疑，但他卻在心理諮詢中與羅伊建立了同理心。如果羅伊無法從與他的交流中感受到被理解，他們之間的交流沒有同理心作為引導，那麼羅伊就不會毫無顧忌地向他表達自己內心的快樂和痛苦。羅伊對他是信任的，當他面臨著即將入獄的危險時，他第一時間想到的就是他，並將保險櫃密碼如此重要的資訊一併告訴他，甚至囑咐他一定要將密碼告訴安潔拉，這個舉動顯然是他也將安潔拉慎重託付給他了。

而當羅伊感覺他理解自己時，彼此間就建立了以同理心為基礎的心理諮詢關係，羅伊開始信任他，開始願意向他傾訴心事。當我們感到自己被理解時，自我察覺就會被拓寬，我們會像羅伊一樣對自己所面臨的壓力和痛苦產生新的認識。**同理心是自我察覺的開關，只有透過同理心打開自我察覺之門，我們才會重視自己的情緒、感受，並願意花時間去瞭解內心深處的渴求，意識到親密關係對自己的重要性。**

如果羅伊從醫師那裡拿到藥後就不再找他傾訴，那麼他

永遠也無法瞭解自己內心深處的渴求，他的強迫性行為只會因為藥物的心理作用而得到暫時的緩解，痛苦不會因此根除。在心理諮詢中，心理諮詢師若想要和來訪者產生互信，那就必須讓來訪者感受到自己被理解，否則肯定無法建立成功的諮詢關係。

我們的認知經常會被巨大的痛苦和壓力扭曲，當認知被扭曲之後，我們就無法瞭解自己真正需要的是什麼？我們往往以為自己「想要」的就是自己真正「需要」的，於是我們只會將注意力集中在表象之上，變得痛苦而糾結。例如羅伊一直以為自己想要的是金錢，只有金錢能幫助他擺脫失業、酗酒的痛苦，於是他開始這段漫長的行騙生涯，精湛的騙術為他贏得許多金錢，但他的痛苦和壓力並未減輕，反而發展出新的症狀，從酗酒變成了強迫症。

如果我們能放慢自己的生活節奏，身邊也能夠有一個人理解自己，那麼我們就能察覺自己的真正需求是什麼？並且花時間來處理自己的情緒和人際關係，對自己進行一個坦誠、正確的評估，從而展開一段有意義的關係，使壓力和痛苦得以緩解。

同理心具有感染力，當你感覺到自己被理解的時候，體內就會分泌大量的催產素 [1]（Oxytocin，OT），這種分子機制是同理心產生的基礎，會促使我們感知他人的情感信號，

共情力與同理心

並對這些信號給予準確的解讀和積極的回應,幫助我們正確解讀對方的面部表情和肢體語言。也就是說,在同理心的作用下,我們可以感知周圍人的情緒、瞭解他們的需求,這會促進我們的人際關係產生良性循環。我們在被理解的同時也會去試著理解對方,隨著催產素的大量分泌,我們的同理心能力會越來越強。

如果我們無法感受到同理心,或者感受到的同理心很少,那麼我們體內的催產素分泌量就會減少。這會導致我們的同理心能力越來越弱,我們對自己情緒、感受的察覺力也會下降,以至於我們無法真實地感受自己的情緒和需求,陷入過度的自我關注中,更加無法與他人產生同理心。

---

1. 又稱縮宮素,是一種哺乳類動物激素,研究顯示這種激素有助於個人產生社會認同、減輕焦慮、壓力及緩解疼痛。此外,催產素分泌量高者多半是具備良好社會化能力的人,在兩性關係裡相對表現活躍,願意與異性建立穩定關係。

第 6 章 挑戰錯誤的認知:同理心的療癒作用

競爭造成的心理壓力

雙方決定互動與影響，壓力讓我們陷入否定與貶抑中。

達爾文的「進化論」認為，地球上的生物會隨著環境的變化而逐漸進化，從低階形態逐步轉向高階形態地進化，是生命發展的必然趨勢。通過對自然界的觀察，達爾文甚至發現了食物鏈的現象，並且提出了「適者生存」、「弱肉強食」的觀點，這是他通過觀察自然界動物的生存狀態所提出的觀念，屬於叢林法則。當赫伯特 · 史賓賽（Herbert Spencer），將達爾文的進化論和叢林法則套用到人類社會後，社會達爾文主義（又名社會進化論）便因此誕生了。

這種叢林法則在強調競爭的社會中被廣泛傳播，人們將人類社會與自然界混淆在一起，將人生視為一場「你死我活」的競爭。

共情力與同理心

電影《三個傻瓜》（3 Idiots）中，帝國理工大學的院長，就是這種思想的奉行者。

藍丘、法罕和拉加是帝國理工大學的學生，三人居住在同一間宿舍，很快地就成為了好朋友。而就在他們上學的第一天，外號「病毒」的院長維爾・沙哈史達布德罕博士（Dr. Viru Sahastrabuddhe）拿著一個放著鳥蛋的鳥窩對新生們說：「杜鵑從來不自己築巢，牠們只在別的鳥巢裡下蛋，等到蛋要孵化時，杜鵑比其他鳥先擠破蛋殼，然後她們會把其他的蛋從巢裡擠出去。競爭結束了，牠們的生命從謀殺開始。這就是大自然，要嘛競爭，要嘛就是死亡。」

維爾的理念十分簡單，他嚴格奉行社會達爾文主義，認為人生就是一場永不停歇的戰鬥，每個人都必須全力以赴才有可能幹掉對手。他認為只有爭奪第一名才有意義，就像人們都知道第一個登陸月球的人是阿姆斯壯，卻不知道第二個登上月球的人是誰？

維爾十分喜歡比賽和競爭，他不允許任何人超越自己，就連騎自行車他也不允許別人在他前面。他把每天的工作精密規畫，每時每刻都在和時間賽跑，為了在課堂上節省時間，他甚至練到可以雙手同時寫字。每天下午兩點鐘，維爾都會放著搖籃曲，休息十分鐘，在此期間，他的男僕會為他修剪鬍子和指甲。

其實不止維爾，絕大多數人都奉行社會達爾文主義，認為人生就是一場賽跑。每個人從出生起就必須為考試、謀生、消費、買車、買房去努力學習，只有努力學習才能考上好學校，得到一份好工作。

而法罕的爸爸就是這麼想的⋯⋯。

從法罕出生的那一刻起，法罕的爸爸就宣佈：「我的兒子未來將會成為一名工程師！」從那以後，法罕就必須努力學習，他真正的喜好從來沒有人關心，他喜愛攝影卻無法得到爸爸支持，因為爸爸認為攝影會耽誤學習，於是他按照父母的期望努力學習，終於如願考上帝國理工大學。但法罕根本不喜歡工程學，他在學校的成績很差，總是徘徊在倒數第一、第二，而按照這樣的成績，法罕根本不可能順利畢業。

反觀好友拉加倒是十分喜愛工程學，但他肩上的壓力太大了。拉加的父親癱瘓在家，需要有人照顧，全家依靠母親微薄的工資生活，他還有一個姐姐，只因為家裡無法負擔一輛車的陪嫁，所以她遲遲嫁不出去。全家人都將希望寄託在拉加身上，希望通過拉加的努力改變家境，可這讓拉加備感壓力。他沒有自信，對未來充滿擔憂，他總是帶著沉重的壓力在學習，所以成績也很差，和法罕一樣徘徊在倒數幾名。

藍丘倒是一個與眾不同的學生，他常被老師趕出課堂，

共情力與同理心

在老師眼中是個無可救藥的壞學生。可藍丘的學習表現優異，班上第一名多半都是他，這是令維爾十分頭疼的事情，因為他很不喜歡這名另類的同學，他總是和學院墨守成規的教育理念叫板，甚至公開頂撞維爾，可他優異的學習成績卻又令維爾對他無可奈何。

按照學院的規定，每次的考試成績頒佈後，學生們都會按照排名一起合影，作為第一名的藍丘會坐在院長維爾身旁，也就是合影的中間位置，而倒數第一、第二的拉加和法罕就只能待在角落裡。合影時，藍丘告訴維爾，他認為這樣的排名一點也不合理，成績本就不該被公佈，就好像你看病時，醫生不會將你的病情說出去，只會為你治療。但維爾不認同藍丘的說法，他告訴藍丘，如果法罕和拉加繼續和藍丘待在一起，那他們的學習成績只會更差，他們未來根本無法找到一份好工作。藍丘甚至因此和院長打賭，如果法罕和拉加找到好工作，院長就必須剃掉鬍子。

查托是班上第二名，他是老師眼中的好學生，他拼命學習，將所有的公式通過死記硬背下來，為了提高記憶力甚至不惜吃藥，只是每次吃完藥後他都會放屁，同學們於是給他起了一個「減音器」的綽號。查托和維爾一樣將人生視為一場競爭，為了在考試中獲得第一名，他一邊努力學習，一邊在考試前夜偷偷將色情雜誌塞入同學的宿舍裡。只是讓查托

苦惱的是，他一直未能超越藍丘，於是他一直將藍丘視為敵人，甚至在成年離校後還要和藍丘一較高下。

在一次醉酒後，藍丘說出了好友拉加和法罕學習成績不好的根源，他說法罕根本不愛工程學，他應該去學攝影。拉加醉醺醺地問：「那我呢？我將工程學當成自己的情人，為什麼還是學不好？」

藍丘說他心裡充滿了壓力，他已經被壓力壓得喘不過氣來，如何能將心思都用到學習上。後來拉加和法罕調侃藍丘，說他也是個膽小鬼，不敢向佩雅（維爾的女兒，她與藍丘在姐姐的婚禮上相識）表白。之後，藍丘等三人醉醺醺地來到了維爾家，還翻牆進去向佩雅表白。熟睡中的維爾被胡鬧的三人驚醒，三人逃走了，並隨意找了一間教室睡下。

第二天，暴怒的維爾找到拉加，並讓他在自己和藍丘之間做一個選擇，要嘛自己退學，要嘛揭發藍丘，這對拉加來說無疑是個兩難之選。當時正好到了維爾的午休時間，維爾告訴拉加，他必須在十分鐘後做出選擇。難以抉擇的拉加從樓上跳下去，幸運的是他並未喪命，並在康復後對生命有了新體悟，他選擇放下過去的壓力，決定重新開始生活。

重整心態的拉加去參加了面試，並成功通過了面試。

同時，法罕收到了著名攝影師的邀請，讓他跟著去原始

共情力與同理心

叢林學習野生動物攝影。原來藍丘偷偷將法罕拍攝的動物照片寄給這名攝影大師，他很欣賞法罕，遂發出邀請函。但法罕面臨的難題是他必須說服父親，而就在藍丘的鼓勵下，法罕決定將自己真實的願望告訴父親。

多年以後，法罕成了一名野生動物攝影師，拉加也有了一份滿意的工作，但自從畢業典禮後，他們再也沒有藍丘的消息，藍丘就好像人間蒸發了一樣。其實不只他們，查托也一直在找藍丘，他想向藍丘證明自己的成功，他已是一家大公司的副總裁，出入有名車，平時住豪宅，甚至還娶了美麗的老婆。

三人一路找到了藍丘的家，但居住在豪宅裡的藍丘卻是另一個人。原來，藍丘的真名叫王杜，是一名富翁家的已故園丁的孩子，從小就喜歡讀書，尤其對數學有興趣。某一天，王杜在做一道十年級的題目時被老師發現，老師將他帶到富翁面前，將事情的經過告訴他。而這名富翁其實是個暴發戶，一直希望兒子能擁有高學歷，於是他決定讓王杜冒名頂替，以藍丘之名去上學，最後取得帝國理工大學的畢業證書後消失。而按照藍丘提供的地址，法罕等人找到了王杜，此時的王杜是名小學老師，他辦了一所學校。事實上，王杜還是一個擁有四百項專利的大科學家，是查托和大公司爭著要合作的對象。

第 6 章 挑戰錯誤的認知：同理心的療癒作用

自我期望一旦達標，自我認同感立即推升

在我們的社會中，我們和這部電影中的人物一樣，從小被教導著認識競爭的重要性，被各種各樣的競爭弄得「壓力山大」，例如常見的高期望。期望對每個人來說都是必不可少的，它為我們提供了前進的動力。**當我們通過努力達到自己的期望時，自我認同感往往就會提升，成就動機也會因此獲得滿足，讓我們產生良好的感受。**可如果期望過高，期望就會變成巨大的壓力。在完成過高期望的過程中，我們會發現自己已經很努力了，但就是無法達到期望，於是就只能被負面情緒困擾。而且期望應該建立在挖掘並實現自己潛能的基礎上，而非為了滿足情感需求，否則不但成功不會帶來喜悅，失望還會導致更大的壓力。

法罕從出生起就被要求努力學習，於是他努力考取帝國理工大學，這對他來說是個巨大的成功，畢竟連院長維爾的兒子都沒考上這所學院。但他似乎並不高興，因為他來到這裡並非是因為真正喜愛工程學，這不是他自己的期望，而是他父親為他制訂的計畫，所以法罕不會因為這次成功而喜悅。而來到這裡後，法罕發現自己越來越難跟上課程，壓力也越來越大。

很多人其實和法罕一樣，按照父母的期望去努力學習、

共情力與同理心

追求高收入，似乎只要有錢就能證明自己的價值，能得到他人的愛與尊重，最終獲得幸福，於是我們期望自己擁有更多的錢，給自己設置一個個目標。豈知這會使我們過著非常高壓的生活，無法與他人建立真誠而親密的關係，自然無法獲得幸福感。

幸福水準的高低，其實與期望無關。我們總是希望努力實現別人的期望，藉此得到尊重與快樂；當期望實現時，我們的確會感到快樂，但這種快樂通常很短暫，為了再次獲得快樂，我們會再為自己設置一個新目標，然後朝著這個目標繼續努力，希望實現後能再感受快樂。可當目標無法實現時，我們會體會到更大的失望且面臨著更大的壓力，因為這意味著我們失去了他人的愛和尊重。

事實上，個人的幸福感與人際關係密切相關，如果你能與家人、朋友保持信任、親密的關係，那麼你所獲得的幸福感就會是持續性的，不像是完成期望時感到的強烈但是短暫的喜悅。**想得到他人尊重和愛，我們必須學會接受和給予同理心，將自己善解人意的一面表現出來，並且獲得對方理解與支持。**法罕說服父親答應自己去學習攝影時曾說，他十分理解父親為自己安排了工程師的人生目標，可那不過就是父親理解的幸福人生，他只想學習攝影，而且法罕還向父親保證他絕對不會用自殺來威脅親人，因為他不想傷害父親。最

終，法罕和父親相互理解了對方，都得到了對方的尊重和愛。

過大的壓力讓我們長期陷於自我否定和貶低中。每個人的內在自我都有一套評價系統，這套系統不僅用來評判他人，同時也評判著自己，猶如一個監察者，時刻注意著自己的一舉一動。每當我們無法完成期望或承受著巨大的壓力時，我們的自我評判就會認為自己很糟糕，進而讓自己陷入負面情緒與審判的思維中。

一個經常否定和貶低自己的人，絕對不會發現自己身上帶有的亮點。他會覺得自己毫無價值、一無是處，也會將自己的失敗、錯誤牢記於心並反覆回想，否定自己的價值，即使那些失敗和錯誤並未給自己的生活帶來任何重大影響。

這種消極的自我評價往往導致我們無法正確、客觀地認識自己，在與他人交流時會將對方的回應過度解讀成對自己的否定和貶低，從而影響我們的人際交往。這其實只是一種固化的，對自我的消極認知，是在自己不斷重複和加強對自我的否定中形成的，這種消極的自我認知，會給我們的生理、心理和社會關係等各方面帶來負面影響，終使自己淹沒在負面情緒的洪水中。

另一方面則是**心理上的影響**。一個經常進行自我否定的人，他的精神狀態必然會遭到削弱，精神和情緒會出現衰退

共情力與同理心

和麻痺，使他被一種內在的軟弱、疲憊和無力感困擾，從而無法感受到真正的快樂和幸福。心理上的影響，會使一個人的內在驅動力變弱，導致其身體健康和行動力出現問題。畢竟**精神狀態對每個人來說都十分重要，它是身體和行動的活力源泉**。當一個人的內心變得枯竭和荒蕪的時候，他的健康就會出現問題，行動力也會漸漸消失。

再來則是**社會關係的影響**，自我否定的人無法展開人際交往，因為他害怕被人否定，即使對方做出的只是再平常不過的回應，卻也會被它扭曲成一種否定。為了避免否定所帶來的羞恥感，他會開始迴避人際交往，將自己孤立起來，這使他難以與他人建立有效和支持性的關係，變得越來越孤獨，漸漸陷入抑鬱的情緒之中。此外，一個總是否定自我的人，還很容易陷入一段不健康的親密關係中，一邊自我否定，一邊接受對方的貶低，只有這樣，他才能形成自我認知上的統一。其實在人際交往中，**互動和影響是由雙方決定的**，當我們對自身的評價就是否定時，我們自然就無法得到對方的尊重和愛，更無法產生同理心，對方對自己的態度只會更惡劣，這源於我們對自身價值的否定。

社會共同支持的療癒能力

熟人帶來的創傷，往往讓你、我更痛苦。

電影《比利‧林恩的中場戰事》（*Billy Lynn's Long Halftime Walk*）的主角林恩是被社會邊緣化的一個人，俗稱「廢物」，他因為砸了別人的豪車，為了不被起訴，他只好選擇從軍，並且被派往伊拉克前線打仗。其實林恩一家人都是被社會邊緣化的一群人，經常做各種各樣違法亂紀的事情。而駐紮在伊拉克的美國軍隊中，幾乎每個人都和林恩類似，在社會中都是廢物。

一次意外使林恩成了美國人眼中的英雄，但那只是一場普通的遭遇戰，林恩為了營救班長而陷入了危險，他只能在戰壕中和敵人展開近身搏鬥，最後殺死了敵人。這一幕被記者拍攝下來並上傳到網路上，引起了廣泛的關注，點擊率非常高，林恩一下子成了人們心中的英雄人物。在回國安葬班

共情力與同理心

長的時候，林恩等士兵接到了一個表演任務，他們需要在德州橄欖球賽的中場進行表演，尤其是林恩這個英雄更將備受矚目。

此時的林恩得到了所有人的崇拜，他們向林恩投以崇拜的目光，但實際上他們並不關心林恩內心的真實感受。林恩和戰友們所要做的就是進行一場精彩的表演，他們通過攝影、解釋、傳頌與報導而被娛樂化，被各種各樣的美國人消費。也就是說，林恩等人必須表現得像美國人心目中的英雄，他們崇拜林恩，只是因為精神生活需要林恩，但這種需求會隨著人們興趣的轉移而消失，到時候，他們就不再需要林恩了。

之後，林恩等人開始和各種人打交道，有想利用他們賺錢的二流經紀人，有充滿算計的球隊老闆，還有一群將他們當成異類的普通人。其中有一個能源公司的老闆似乎對林恩等人的戰場經歷很感興趣，他總在自以為是地向林恩他們詢問各種槍械的功能，以及殺人時的真實感受。

在橄欖球賽的中場進行表演時，林恩等人並沒有感覺到身為英雄的榮耀，反而覺得自己活像是個野獸一樣被人們圍觀、議論，而那些觀看球賽的人根本不關心他們。此外更讓林恩等人懊惱的是，沒有人告訴他們在表演結束後應該如何離場，當他們不知所措地繼續留在舞臺上時，警衛們只好將

他們驅趕下去。

這些所謂的英雄立刻失去光環，無法在自己的國家裡獲得尊重。

德州橄欖球隊的老闆想要根據林恩事件，投資籌拍一部電影，他之所以這麼做並非崇拜林恩，也不是因為尊重軍人，更非因為關心伊拉克戰事，他只是想借著林恩來重塑自己心中「德州硬漢」的形象，藉以滿足自己身為一個高貴德州人的優越感，而林恩充其量只是滿足他那份優越感的工具罷了。再者，球隊老闆只肯出五千五百美元的報酬，這個價值甚至只比他腳上穿的那雙皮鞋貴一點。

他甚至告訴林恩，如果他們能夠提前一周回國，報酬或許還能再更高一些……。

林恩聽完後直接對球隊老闆說：「你甚至還不如那些聖戰分子懂得尊重我們。」 在伊拉克，聖戰分子是林恩他們的敵人，這群人隨時都有可能要了林恩他們的性命，但他們以命相搏的姿態，讓林恩他們感覺到自己被尊重。而球隊的老闆卻只準備以這些錢來打發這幾個士兵，企圖買斷他們的故事。沒有士兵願意參與拍攝這樣一部電影，於是他們拒絕了這種娛樂化，決定還是回到前路生死未卜但真實的戰場中，他們對那裡更熟悉，更能獲得歸屬感，也只有在那裡他

們才能感覺到身為英雄的悲壯感，而不是被世人當成可以消費的娛樂商品。

在這段期間，林恩還認識了一個女孩，她是啦啦隊的隊長，林恩在等候區的時候和她認識，當時林恩對她說出了心裡話，想要留下來陪她。但啦啦隊的隊長聽完後立刻露出夾雜著失望、詫異和鄙視的表情，原來她愛的只是林恩的英雄光環，而不是林恩這個人，如果林恩留下來陪她而不是回到戰場，那林恩在她心中就失去了光環，變成了一個令人不屑的普通人。

而林恩看到她當下的表情後，立刻說道：「我是開玩笑的……」

凡是參與過戰爭的人都會感受到自己的渺小和脆弱，終其一生都難以逃脫戰爭帶來的陰影，他們在戰場上經歷過生死，隨時可能失去結束生命。幾乎每一名士兵都想要避免戰爭帶來的心理創傷，他們在離開戰場後，需要得到人們的理解與支持，也就是說，一名士兵想要避免心理創傷，得到社會支持，這才是最重要的因素。

個人若不被理解，巨大孤獨感將籠罩他

安東尼・史沃福德（Anthony Swofford）曾跟隨美國海

軍陸戰隊參與海灣戰爭，後來他將自己的這段經歷寫成了一本書《鍋蓋頭》（Jarhead），書中記載了士兵們在面臨戰爭、死亡這些創傷性事件時如何安慰彼此。士兵們在參與一場戰役前，知道了敵方很可能擁有化學武器，這意味著他們極有可能會死在戰場上，於是他們舉辦了一場擁抱聚會。大家都已經做好了赴死的心理準備，在死之前，他們希望得到心理上的安慰，而擁抱是最直接、最有效的方式。

在擁抱中，每個士兵都感覺到被理解、被支援，感覺到彼此的需要，他們願意對彼此敞開心扉，感覺自己又像是一個正常人了。

擁抱是一種十分常見，以安慰作為目的的身體接觸。當一個人感到痛苦時，他尤其渴望擁抱，因為擁抱這種安慰性的動作能極大化地緩解痛苦。而當我們看到別人遭遇不幸時，我們會發現自己若難以用語言來安慰對方，這時通常就只能透過擁抱的方式來安慰對方。在戰爭、地震等災難中、在葬禮上、在醫院的病床邊，以擁抱來進行心理安慰的方式，尤其常見。因為我們能從擁抱中感受到溫暖，更為重要的是能感受到理解和支持，人們只有在理解了對方的感受和痛苦後，才會展開雙臂給對方一個擁抱。

林恩等人顯然沒有得到社會支持，不然他們也不會選擇回到戰場。遑論林恩其實完全可以留下來，畢竟他是戰鬥英

共情力與同理心

雄，有足夠且正當的理由離開部隊，回到家人身邊，畢竟他的姐姐那麼愛他，甚至因此始終無法接受他主動再回戰場的行為，畢竟最初林恩選擇參戰，也只是為了躲避被起訴。林恩在自己的國家感受不到被理解和支持，哪怕是最愛他的姐姐也不理解他。**一個人如果不被理解，就會被巨大的孤獨籠罩**，除了戰友外，其他美國人根本無法理解他這個經歷過戰爭創傷的人，這是一種更為邊緣化的狀態，會令人感覺孤獨、毫無歸屬感。

作為一個英雄，林恩得到了所有人的關注，但這些人只關注他身為英雄的光環，無法理解他這個人。林恩沒有歸屬感，他的孤獨感漸漸擴大，擴大到無法忍受的地步，他無法與這些人建立真正的連接。好在有戰友陪在林恩身邊，對於林恩來說，他能在戰友身上感受到歸屬感，他和戰友有著相同的經歷、戰爭創傷，戰友更加理解他，比愛他的姐姐還要理解他。

於是，林恩做出了選擇，那就是回到戰場上，回到戰友身邊。他這麼做既不是為了榮譽，更不是為了國家，只是為了讓自己不再感到孤獨。對林恩來說，國家已不再是他的歸屬，敵國伊拉克更不可能，他只能跟著戰友回到那輛裝甲車上，和戰友們無聲地坐在一起，雖然他們彼此間不會表達，卻能感覺到自己那份被理解的心情，他們彼此相互珍惜、相

依為命，換言之，部隊就是他的歸屬地。

林恩沒有想成為英雄，他的英雄之路只是個意外，當時他不是為了成為英雄才和敵人近身搏鬥，這只是迫不得已的選擇，他是在恐懼和求生欲望的驅使下殺死了敵人。可沒有人關心他在與敵人近身肉搏時的恐懼，人們只是對林恩這樣參與過殺人的士兵感到好奇，因為那是他們未知的世界。

而他們在向林恩提問時，也只希望林恩回答他們心中所期望的答案，至於林恩的感受，他們毫不在意，他們從未想去真正瞭解軍人的生活，也不知道戰爭的可怕。林恩成為英雄的那一天，正好是他此生最悲慘的一天，因為他失去了生死與共的戰友，自己甚至也差點命喪敵軍之手。

對於人類創傷體驗而言，與戰爭這類人禍的創傷事件相比，自然災害所帶來的創傷體驗反而更容易讓人接受，一個經歷過自然災害創傷事件的人，更容易從創傷的陰影中走出來。**人為的創傷事件給人們帶來的心理衝擊往往更大，尤其若是很熟悉的人帶來的創傷，程度上通常會更強烈**，例如林恩在得知球隊老闆只肯出一點錢來讓他們演電影時，他感覺到被羞辱：「你還不如那些聖戰分子懂得尊重我們。」對於林恩來說，球隊老闆是個美國人，與伊拉克士兵相比，球隊老闆更像是自己人，可就是這樣的自己人，帶給自己的傷害反而更強烈。

共情力與同理心

關係越是親密，創傷體驗越是強烈

在人為創傷體驗中有這樣一條規律，關係越是親密，創傷體驗越是強烈，例如在強姦創傷體驗中，若加害者是熟人，那麼受害者所遭遇的創傷體驗，將遠比遇到陌生犯罪者更顯強烈，而且這種傷害的持續性會更久。這其實是一種社會傷痛，每個人都處於一個複雜的社會關係網絡中，在這個網絡中，我們能感覺到自己與他人之間是相互連接的，從而獲得了心理上的支持，這種心理支持有利於每個人保持心理健康。可人為創傷會破壞這種心理支援，因此這種社會傷痛會帶給人更強烈的傷害。也就是說，**一個人是否能從創傷事件中恢復，取決於他是否獲得社會支援，是否取得他人理解**。

一個人經歷災難、驚嚇事件或者不可承受的損失時會出現創傷體驗，這種創傷體驗會引起許多症狀，例如驚恐、焦慮、沮喪等心理障礙，這些心理障礙就是創傷性應激障礙。創傷體驗會使一個人的同理心受損，因為他無法從他人那裡獲得理解，其他人沒有這種創傷體驗，通常無法理解他，而不被理解意味著他與身處的社會聯繫將被切斷，他一方面會被創傷所帶來的陰影折磨，更得承受巨大的孤獨感—不被理解的孤獨……。

在越南戰爭中，有五百九十一名美國士兵被俘虜並被關

押在河內希爾頓戰俘營1。在這裡，戰俘們要定時接受懲罰和折磨，其中最常見的虐待方式是吊刑和單獨拘禁。吊刑是北越士兵最喜歡的折磨人的刑罰，具體做法是將戰俘的雙手吊在天花板上持續幾個小時。凡是經歷過吊刑的人都會留下一個後遺症，雙手無法舉過雙肩，例如美國參議員和總統候選人約翰‧席德尼‧馬侃三世（John Sidney McCain III）就曾在河內希爾頓戰俘營接受過吊刑，他的雙手至今無法舉過雙肩。這是一批被關押時間最長的戰俘，有的人被關押了十幾年，就連馬侃也在戰俘營待了五年半。

按照常理推斷，這些遭受了長期折磨的戰俘在戰爭結束後回到美國，應該最容易患上創傷性應激障礙，但統計結果卻恰恰相反，他們比其他參戰士兵的心理更健康，是退伍士兵有記錄以來，罹患創傷性應激障礙者概率最低的，只有百分之四的戰俘被創傷性應激障礙困擾。

為什麼會這樣呢？

原因即在於這與社會支持，關係密切。

戰俘們的社會支持一方面來自相互支持，他們在被俘前是一個緊密相連的團體，是飛行員和空勤人員，而在參戰前均接受過十分嚴格的軍事訓練，這個訓練過程促使得他們可在飛行學院裡相互瞭解。因此，他們在參戰乃至被俘後，始

共情力與同理心

終都是一個團體，團體成員間相互支持、理解，而這種社會支持在幫助他們戰勝返國，體驗創傷、恢復心理健康上均引起了極大的作用。

而且，河內希爾頓戰俘營的特殊地理位置，也間接地決定了關押在這裡的戰俘心緒會很穩定，因為他們自從被關押在此就從未離開過，也就是說，戰俘的流動性很低。這個因素將大大有利於戰俘們彼此建立穩定關係，他們相互關心、支援、團結，生活或許十分艱難，還得不時被吊起來受苦，但他們的心理狀態一直因為團體支援而保持樂觀。凡是新戰俘，在剛被關押的時候都會經歷一段時間的沮喪、痛苦，但老戰俘會主動關心並開解他們，就好比給新戰俘進行心理輔導一樣，讓新戰俘儘快適應戰俘營的生活，順利地從沮喪、痛苦的心理狀態中走出來。

獲得群眾支持體諒，方有能力重獲新生

詹姆斯 · 邦德 · 斯托克代爾（James Bond Stockdale）是河內希爾頓戰俘營的著名戰俘之一，他在戰後獲得了榮耀勳章。詹姆斯在戰俘營的地位最高，他在描述戰俘營的生活時說，自己在戰俘營中扮演的角色，就像是這個特殊團體中的主席。

另一方面，戰俘們在回國後獲得了社會支持，他們被當成英雄，且受到了隆重的歡迎，美國總統尼克森還專門在白宮為他們舉辦了一場特別的晚宴，與其他參戰士兵形成鮮明對比。其他從越南戰場上撤回的士兵在回到家鄉後不僅不受歡迎，有些人甚至遭遇質疑和敵意，因為當時的美國人認為，參加越戰的美國並非是正義的一方，再加上美國士兵的負面新聞不斷，導致許多美國人對參戰士兵充滿誤解，認為他們就是劊子手。但事實上，這些士兵也不想參戰，這些沒有獲得社會支持的士兵回國後的生活往往很艱難，他們既得忍受指責、不被理解，還得努力對抗戰爭帶給自己的心理創傷與痛苦體驗。

再者，河內希爾頓戰俘營的戰俘們在參戰前普遍接受了高等教育，全都上過大學，再加上他們回國後被當成英雄，這意味著他們回國後能成功找到工作，不必被失業的問題困擾。一份穩定的工作有利於他們成功找到結婚對象，畢竟家庭也屬於社會支持的一種，他們能與家人建立連接，彼此相互理解、關心和支持。

林恩雖然也被當成英雄看待，但他的體驗卻與戰俘們相反。戰俘們歸國後所受到的歡迎是真誠的，也就是說，他們所經歷的苦難和創傷，充分獲得美國人民的認可和理解，他們會因此覺得自己受苦是值得的，並認為這段苦難的經歷，

共情力與同理心

賦予了他們不一樣的人生意義，其中的典型代表就是麥凱恩。

當麥凱恩提到被俘的這段經歷時曾說：「囚禁鍛煉了我的意志力，使我變得更加自信，我十分感謝這段經歷，我拒絕提前釋放，這段經歷為我的生活帶來了巨大的改變。」後來，麥凱恩被當作英雄，他的這段經歷也被反覆傳播。而林恩表面上是個英雄，卻被人們當成了茶餘飯後的娛樂話題，他和戰友們所經歷的苦難並未獲得人們認可，他們只是橄欖球比賽中的一個插曲，一場表演節目，而當表演結束後，就必須離場。

在突發性的創傷事件中，人們往往不知道該如何反應和處理，只能按照本能行事。待事情過後，人們才會緩過神來，開始爬梳整起事件，而這個梳理的過程其實就是一個自我療癒的過程。如果他在梳理過後發現自己當時反應是正確的，並認識到這一連串的糟糕後果並非是自己的責任，那麼他的自我療與基本上便算完成了，他也能很快地從創傷體驗中走出來。

此外，他還需要周圍人的理解和支援，需要有人告訴他，這一切並非他的錯，他當時的反應是正確的，並讓他相信自己有能力恢復，這種理解和支持，十分有利於他的自我恢復。

透過心理疏導，被害者找到痛苦根源

電影《嘉年華》中的主人翁小文是名年僅十二歲的小女孩，目前正在讀小學六年級。一天，小文和同學張新新被當地的一個高級官員劉會長帶到了一家旅館，並開了一間房。當時小文和張新新不知道即將發生什麼，她們第一次來旅館，於是開始相互打鬧玩耍。後來劉會長從隔壁房間走出來，進到了小文、張新新所在的房間。

第二天，學校老師注意到這兩個小女孩的精神狀態明顯不對勁，老師在從她們口中瞭解到當天所發生的一切，之後老師立刻跟家長們聯繫並報警。之後，在警方的安排下，小文、張新新被送到醫院接受檢查，檢查結果顯示兩人均遭到了性侵，而這個結果將成為小文、張新新終其一生的陰影。

可是大家萬萬想不到的是，比性侵更可怕的是親人們的不理解和質疑，甚至是責罵。

小文的父母已經離異，她和媽媽一起生活。當媽媽得知女兒遭遇性侵後，她的第一反應不是安慰，也不是想辦法將犯罪者繩之以法，而是指責。她將小文的一頭長髮剪掉，還指責小文：「誰叫妳穿那些不三不四的衣服！」其實小文的著裝沒有任何問題，她從未穿過不三不四的衣服，她只是和

共情力與同理心

許多普通女孩一樣愛穿漂亮的裙子。小文無法忍受媽媽的指責，於是選擇離家出走，她去找到爸爸，她想得到爸爸的理解，畢竟遭受性侵根本不是她的錯，她是一個受害者。可軟弱無能的爸爸根本不接受小文，他甚至還讓前妻來把女兒強行帶走。

除了要忍受媽媽的責罵外，小文還經歷了各種折磨。小文在醫院接受了兩次檢查，先後得出了不一樣的結果，第一次檢查的結果是性侵，第二次是處女膜完好，因為醫院被收買了。而醫院不顧小文的感受，隨意接受媒體採訪，將檢查結果公開，讓小文一下子成為眾人議論的焦點。員警甚至也在小文的傷口上撒鹽，以調查為由多次要求、逼迫小文回憶當晚的遭遇，這對小文來說就是二次傷害，那段痛苦的經歷她想要忘掉，可員警逼迫她必須一次又一次地回憶……。

在創傷體驗中，心理疏導是不可或缺的一部分。在心理疏導的過程中，受害者需要被理解、支援，需要將自己從整個事件中抽離出來，拉開距離地重新審視該起事件的全貌。這樣一來，受害者才能理解自己當時的反應，瞭解自己當下的反應是正常的，因為他根本無法阻止事情發生。

但在小文的媽媽看來，如果女兒放學後按時回家，不和同學外出玩耍，不留長髮、不穿裙子，她就可以避免被性侵。母親的指責無法讓小文理解自己當時的反應，使得小文無

法從性侵的創傷中抽離出來，她會因為母親的責備而怪罪自己，喪失了心理疏導的關鍵機會，或許周遭人們的不理解和指責會使小文終其一生都無法走出被性侵的陰影。但小文的媽媽若能傾聽女兒的遭遇，讓女兒將自己糟糕的感受宣洩出來，並站在小文的角度理解、支持她，那這對小文來說，將是莫大的鼓舞。

---

1. 一八九六年所興建的監獄，北越軍隊在越戰期間作為關押戰俘的監獄，又名火爐監獄「Maison Centrale」。待越戰結束後，監獄被改作再教育營，以關押與前南越政府有關人士。因越共慣以非人道刑法對付戰犯，恐怖名聲讓美軍將其命名為「河內希爾頓」，這也因此成為這座監獄的代名詞。

共情力與同理心

第 7 章

走出自我，走進他人內心——
輕鬆改變人際關係

切勿根據你對某個人過往的理解輕易下判斷，要懂得以同理心去傾聽、處理人際關係，關注對方當下的感受和情緒，聽完後再做結論，一切會更好。

田 Joe 在 Pixabay 上發佈

負面情緒所帶來的脅迫……

適度接納並宣洩負面情緒，而非控制。

　　某飯店發生了一起衝突，衝突雙方是宋女士和一名女大學生。

　　當時，宋女士和另外一名家長帶著兩個女童吃飯，吃飯期間，兩個女童在一起玩耍，而鄰桌的女大學生似乎覺得孩子太過吵鬧，於是就快步走過去朝著宋女士的女兒辰辰踹了一腳……。

　　這段影片一經發佈，立刻在網路上引起軒然大波，很快地便有警方表示已經介入調查。

　　而隨著整起事件的不斷發酵，飯店決定將完整的影片公開。在完整的影片內容中可以看到，女大學生並未踹到辰辰，她踢到的是椅子，事後，她也表示自己當時覺得辰辰的吵鬧，

共情力與同理心

讓自己心煩不已，於是就端了她的椅子。她承認自己當時很衝動，並承諾願意道歉並賠償。

而宋女士自己的行為也有諸多不當之處，例如她不僅在飯店亂扔東西，還直接打了勸架的服務生好幾個耳光……。事後，宋女士表示她當時只是護女心切，並承諾願意道歉。

這件事本該因雙方的互相道歉後落幕，但網路上對該起事件的討論熱度卻依舊持續了好幾天，網友們主要在討論當遇到「熊孩子」時如何應對。有許多網友十分贊同影片中女大學生的行為，認為遇到熊孩子就不應該客氣，而是直接教訓他，熊孩子的問題就是孩子家長的問題，熊孩子的背後往往是一個蠻橫的家長或對孩子教育方式欠妥的家長。

網友們會如此認同女大學生的行為，是因為現實生活中的熊孩子很多，有許多熊孩子根本不顧場合是否適宜，就會開始胡鬧並影響他人，而家長的態度通常是袖手旁觀，可一旦孩子吃虧了，家長反而會暴跳如雷地站出來維護。

其實嚴格說來，該事件中的宋女士、女大學生、支持並同情女大學生的網友們的思維，其實都被強烈的情緒脅迫了。情緒具有強大的脅迫力，就好像脫韁野馬一樣，而我們的思維和理智常會被情緒強大的脅迫力支配。

從影片中可以看出，宋女士在面對女大學生伸腳揣向女

兒時，雖然女大學生最終踢到的是椅子，但她出腳的方向的確是自己的女兒，宋女士當時肯定非常生氣，出於母親保護孩子的本能，自然會上前理論。

當雙方發生爭執，店員出面調解，而此時宋女士的情緒已經失控，她完全喪失理智，甚至對無辜的店員動手，絲毫意識不到女兒的確吵鬧，影響了他人用餐。而女大學生突然衝過去踢孩子的椅子，藉以表達自己不滿，這種行為也屬於過度反應。面對一個只有四歲的孩子的吵鬧，她理應去找孩子的家長協商，而非直接對孩子施加過度的干預，以踢椅子的方式來制止吵鬧，這種行為顯然已屬不正常反應。如果她當時再過激一點，若無控制自己的動作，傷害了小孩，這樣就有違法之嫌，實在得不償失。

其實，面對熊孩子最理智的做法是找家長協商，家長應該對熊孩子的言行負責，作為一個成年人，她不應該以「踢」孩子的方式來解決此事。在網上支持並同情女大學生的網友們，顯然是在借此事發洩自己共情力與同理心，甚至是對熊孩子的不滿……他們和當事人一樣，也被自己的情緒脅迫，因此在發洩不滿情緒時，自然會支持女大學生的行為，卻沒有意識到，支持暴力是不對的，尤其是支持對孩子的施暴。其實在現實生活中，網友們未必會像女大學生一樣，採用不合理的暴力方式來應對熊孩子，網友們通常會選擇忍耐，不和熊孩子一般見識，因此才會借助該事件大肆發洩不滿，而

共情力與同理心

這種群體性的情緒宣洩，只會滋生更多的暴力與非理性情緒。

面對恐懼威脅，情緒轉換是常態

心理學家認為，**人類有四種基本情緒，即快樂、憤怒、悲傷和恐懼**，其他的情緒則是由這四種基本情緒衍生而來，例如厭惡的情緒，就是由憤怒衍生而來，屬於程度低一點的憤怒；焦慮、擔心、驚訝則是由恐懼衍生而來，是程度

再低一點的恐懼。我們每個人都能體驗到情緒，情緒對人的影響力非常大，尤其是憤怒、恐懼這種激烈的負面情緒具有更強的脅迫力，會脅迫我們的理智和思維。當我們被憤怒、恐懼這種情緒支配時，我們會進入一種強烈的生理喚醒狀態，選擇面對戰鬥或逃跑。正常情況下，如果我們的生理喚醒水準很高，我們的各種激素會開始出現變化，甚至肌肉都會出現緊繃狀態，這時，我們的感知能力會下降，腦中除了憤怒和恐懼外，根本感受不到其他，我們會自動無視其他的感覺，反將注意力集中在戰鬥或逃跑上。

例如在上述例子中，宋女士就是被女大學生的行為激怒，進而陷入戰鬥的狀態裡，因此隨後便出現了許多過激的行為，例如暴打無辜店員、亂扔東西等，心裡除了憤怒的情緒，宋女士的感知能力已經無法感覺到其他，她的思維能力

和理智已經完全被憤怒的情緒脅迫。

我們通常會將情緒分為積極情緒和消極情緒兩大類，在四種基本情緒中，憤怒、悲傷和恐懼通常被歸為消極情緒，其中尤以恐懼和憤怒所具備的脅迫力道最強。這四種基本情緒都是人類的本能，在當今社會，憤怒和恐懼被認為是消極情緒，是因為我們不用面臨遠古時期的危險，我們的生活環境基本上無須動用憤怒和恐懼的本能，可這兩種情緒卻會不時出現，影響著我們的生活。

以恐懼情緒為例。

在遠古時期，恐懼情緒可以達到保護一個人生命安全的作用，一個沒有恐懼情緒的人，基本上不會活下來。恐懼情緒出現得非常迅速，迅速到不需經過思維，直接跳過理智，我們的身體會在瞬間接收到恐懼的信號，體內的激素會出現變化，肌肉緊繃。

恐懼情緒發給我們身體的這個信號，實際上是讓我們的身體開始警覺起來，並以最快的速度避開危險。例如在看到野獸時，人會產生恐懼情緒，然後提高警惕並以最快的速度逃離。如果一個人沒有恐懼情緒，只用理智來考量所面臨的危險，那麼他極有可能會成為野獸的晚餐。

如果說，恐懼的情緒是幫助我們離開危險，那麼憤怒的

共情力與同理心

情緒則恰恰相反。憤怒的情緒極具破壞力，與恐懼帶來的逃跑反應不同，憤怒帶來的反應是戰鬥，是攻擊力，能起到警告的作用，將對方嚇走。總之，不論是積極情緒還是消極情緒，都有其合理的一面，我們都該正面看待情緒，先接納情緒，而非急於從情緒中逃離或陷入自責，學會和情緒相處，避免被情緒脅迫、控制。一旦我們共情力與同理心被情緒的脅迫力控制，情緒就會破壞我們理智思考的能力。

而為了避免被情緒脅迫，我們應該學會處理常見的情緒管理誤區。提到情緒管理，我們常常會想到控制情緒，當出現消極情緒的時候，我們會對自己說：「我不應該聽從自己的感受，我要控制這種情緒，這樣不好，這不應該。」其實，我們越是想要控制自己的情緒，情緒就會越失控，我們反而會被情緒控制。需明白，情緒會持續存在，甚至因為一點小事就徹底爆發，就像拿油去滅火一樣，火勢只會越來越大。

面對情緒失控，遏止絕非良策

對待情緒，我們應該做的是接納、疏導，並適當進行宣洩，而不是控制。想要做到這些，我們就必須讓自己放緩節奏，對自己保持耐心，問問自己此時此刻的感受，這樣做其實就是以寬容的心態來接納、感知和理解出現在自己身上的各種情緒和感受。這在處理人際關係中是必不可少的，如果

我們連自己的感受和情緒都無法接納，如何做到在意並理解他人的感受。

再者，壓抑情緒也是我們常見的情緒管理武器，尤其是壓抑悲傷情緒。中國文化總是強調堅強的重要性，例如「化悲痛為力量」就是一例，這都是在壓抑自己的情緒，其實這時最好的選擇不是壓抑，而是宣洩。當我們強行壓制悲傷之類的消極情緒時，它並未消失，而是慢慢累積，最終造成我們的心理或生理出現問題。當然，情緒管理並非一定要宣洩，但肯定不要壓抑。當出現傷感之類的消極情緒時，我們應該順其自然地等它過去，只要情緒不會對自己和他人造成傷害，自可放任情緒發展，它會隨著時間而漸漸消失。

如果你總是被某種消極情緒困擾，甚至可能會給他人帶來傷害時，你就應該認真處理，甚至尋求專業的幫助。在人際交往中，我們如果發現自己出現了十分強烈的情緒，應該努力讓自己緩一緩，這將會使我們的情緒獲得舒緩。強烈的情緒不只僅會壓迫我們的思維能力和理智，還會壓迫我們的同理心，而人在強烈的情緒引導下，是無法產生同理心的。

例如當一對情侶發生爭吵時，雙方都會被強烈的情緒控制，只會指責對方的錯處，將對方貶低得一無是處，雙方都只在意自己的感受和情緒，根本無法理解對方。在上述例子中，不論是宋女士還是女大學生，兩人都一樣，她們都只感

覺自己受到傷害或被侵犯了，所以她們都爆發出了憤怒的情緒，並很快付諸行動，出現衝動、過激的行為。如果她們能在情緒爆發時，讓自己舒緩一下，有意識地思考自己為何如此，自己的感受如何，這樣一來，同理心就會被激發，她們就會接納自己的情緒感受，也就不會那麼衝動了。

我們除了要學會緩和自己的情緒之外，還應該學會幫助他人緩和情緒，將對方從情緒爆發的漩渦中救出來。我們不能輕易被對方的情緒脅迫，例如宋女士就是被女大學生的憤怒情緒綁架，她本該冷靜看待對方的情緒，找出對方情緒爆發的原因，幫助她冷靜下來。

每個人都有過被情緒脅迫的經歷，當情緒爆發時，自己共情力與同理心根本無法阻擋，所以會做出一些衝動、過激的行為，等自己冷靜下來，才發現一切皆追悔莫及了。因此，我們應該學會放緩節奏，讓自己冷靜下來。只要人冷靜了，思維能力和理性就會自動恢復。同樣，當我們發現一個人沉浸在憤怒或悲傷中的時候，不要幫助他思考，也不要勸阻他「你不應該這樣……」，而是幫助他冷靜下來，待冷靜下來後，他自然就知道自己應該怎麼做了。

你對我敞開心扉；我對你坦誠相待

展現自我講究「中庸之道」，凡事有度，否則物極必反。

　　胡津津是一名五十五歲的退休女性，她和丈夫已經結婚三十年，最近她得知丈夫竟然外遇⋯⋯。

　　自己的某位親戚曾看見丈夫帶著一位四十歲左右的女人和一個小孩回老家，於是，親戚就把這件事情告訴胡津津。得知丈夫有外遇後，她開始給丈夫發訊息，資訊內容主要是控訴他的不忠以及對夫妻關係疏遠的不滿。對丈夫有著非常強烈的痛恨情緒，但她的表達卻顯得很隱晦，且讓自己完全陷入個人情緒中，拒絕傾聽和理解。

　　後來，丈夫乾脆選擇不跟他聯絡了⋯⋯。

　　其實，之前兩人也曾當面溝通過，但在和丈夫溝通時，胡津津始終無法保持冷靜，無法控制自己像機關槍一樣不停

共情力與同理心

抱怨，整個溝通的過程就是胡津津在哭訴，她不給丈夫任何回應的機會，最後，丈夫只能選擇不回應，並且不願回家，兩人只能暫時分居兩地。

但如今回想起來，早在去年她就感覺到夫妻關係出現問題，覺得兩人待在一起很不快樂，偶爾還會為一些小事爭吵。面對婚姻出現問題，胡津津沒有告訴任何人，父母、親友們都不知道她的婚姻狀況，女兒因為在外地工作，所以更加不會知道。

而她平時很喜歡參加各種旅遊和聚會，但對婚姻問題卻總是三緘其口，她早已習慣隱瞞和掩藏，如今丈夫真的外遇了，她自然更難說出口。其實，胡津津與丈夫的溝通很有問題，因為她總是抱怨、指責丈夫，很難向丈夫敞開心扉，也就是她對這個婚姻十分不滿意，而丈夫也是如此。

自從分居後，兩人開始各過各的生活，經濟上劃分得很清楚，各自掌管自己的收入，各忙各的，各玩各的。有時，胡津津覺得自己很長時間沒和丈夫見面了，就會直接打通電話聯絡，但丈夫為了不聽她指責，所以從不接電話。她也曾提議要去丈夫的新住處為他打掃環境或送送換季衣服，但都被拒絕了，被拒絕的胡津津覺得丈夫對自己太冷漠，但她從未想過離婚。丈夫雖曾提議離婚，但態度並不十分堅決，他告訴胡津津，如果願意離婚，兩人就和和氣氣地去辦離婚手

續；如果不願意離婚，兩人就繼續各玩各的，誰也別管誰。

事情演變至今，她其實很想改善目前的婚姻狀況，卻不知該向何人訴說和請教，最後，她找上了心理諮商師。

在心理諮詢一開始時，胡津津就將自己的婚姻狀況告訴對方，她表示自己結婚三十年，半年前得知丈夫在外有情人。諮商師就問：「妳對丈夫外遇的女人，瞭解有多少？」

胡津津說：「不知道。」

諮商師接著再問：「那妳是怎麼發現丈夫有外遇的？」

胡津津回答道：「從一個親戚那裡知道的，那個親戚是絕對不會騙人的。」

諮商師停頓了一下，接著再問：「那個親戚是怎麼知道的呢？」

她回答：「他在回老家的時候，看到我丈夫帶著外遇的女人和小孩回老家。」

諮商師再問：「妳知道後，是怎麼處理這件事情的？」

她再回答：「我直接問他，但是他不承認也不否認，我也就無法知道更具體的事情了。我們目前的關係很糟糕，相處起來感覺很不舒服，他在我面前很封閉，什麼也不願意說，

共情力與同理心

我感覺自己都抑鬱了。我剛知道他有外遇的時候，他就提出離婚，當時離婚協議都擬定好了，但最終沒有簽下來。不久前他又提出了離婚，這次的態度很堅決，我很想努力挽回這段婚姻。」

諮商師看著胡津津問她：「妳知道妳老公的情人的大概年齡和身份嗎？」

胡津津說：「是個四十二歲的女人，據說離過一次婚……」

諮商師好奇地問胡津津：「妳和丈夫一起生活了三十年，這麼多年的婚姻曾發生過什麼事情嗎？你的感受是怎樣的？」

胡津津最後只願簡單回應：「沒有什麼事情，一切都很順利。」

長期以來，胡津津不斷找尋婚姻諮商師求助，想請諮商師幫自己想辦法，總覺得跟諮商師明白說出了自己現實的婚姻狀況，以及目前遭遇到的問題，她只想知道該如何做才能讓丈夫回心轉意。可諮商師卻認為，胡津津所敘述的內容過於簡潔，他根本感覺不到胡津津的痛苦和焦慮，也就是說，胡津津將自己的情感、情緒通通隱藏起來，好像是在敘述別人的故事。

諮商師想和胡津津進行深入的交流和探討，但胡津津卻拒絕繼續溝通，也就是她始終在迴避問題，這導致諮商師無法真正瞭解她的婚姻狀況，也無法給出具體的建議。

　　但不管諮商師如何引導，胡津津就是不肯多講，她一心只想知道自己要怎麼應對外遇的丈夫。雖說每個人都有屬於自己不願透露給其他人的隱私或小秘密，害怕被別人看穿，因此在處理人際關係的時候，我們會避免曝露自己真實的內心，因為怕顯得自己很愚蠢，這其實是不信任的心理在發揮作用。

先對他人敞開心扉，展現真實自我

　　在人際交往中，我們很容易戴著面具，將自己的真實情感、情緒遮掩在面具下，壓抑自己的情緒，將自己的恐懼隱藏起來，不肯將自己的焦慮表現出來。可過於隱藏自我會給人際交往帶來障礙，畢竟交流是相互曝露自我的過程，只有你先對他人敞開心扉，對方才可能對你敞開心扉。

　　在心理諮詢中，來訪者深入的自我剖析十分重要，諮商師可以從來訪者的自我剖析中瞭解許多關鍵的資訊，找到來訪者的問題所在，從而解決問題。在上述案例中，胡津津卻只是簡單地將自己的婚姻狀況告訴諮商師，然後就不肯再透

共情力與同理心

露更多資訊，甚至連自己的真實情緒都隱藏起來。她這樣隱藏自我，不肯展現自我，心理諮詢自然無法進行下去，因為諮商師根本無從瞭解她。

其實，胡津津在處理人際關係時也有同樣的問題，她從不肯展現真實自我，也就是說，她的人際關係只淪於表面，她和閨密之間只以旅遊和聚會為主，經常在一起吃喝玩樂，卻幾乎不會進行深入的交流。即使在面對丈夫時，胡津津也不會輕易曝露自我，例如她在得知丈夫外遇而質問他時，她也在隱藏自己對丈夫出軌的憤怒。

胡津津的婚姻問題很大程度出現在溝通上，胡津津在與丈夫溝通時雖然一直說話，但卻未展現真實自我，她不肯敞開心扉，也不肯給丈夫說話的機會。如果說，深入的展現自我在心理諮詢中很重要，那麼在人際交往中，適當的展現自我也一樣。**適當的展現自我可以顯示某人對周遭人事物的態度，有利於溝通的雙方產生共鳴，如果雙方能夠達到情感、情緒上的共鳴，那麼彼此就會產生信任。**

如果雙方都能進行適當的展現自我，那麼他們就是在交換信任，這有利於發展更進一步的關係。**展現自我具體是指某個人在一定情境中，願意將自己真實的私密資訊展示和表達出來。**展現自我有利於一段關係變得更親密，是發展深刻關係的關鍵途徑。展現自我是一種對他人敞開心扉的能力，

具體是指一個讓他人瞭解自己的過程，是將和自己有關的資訊告訴對方，和對方分享自己的心事、情感。展現自我的核心在於擁抱自己的脆弱，將自己的不安、弱點等脆弱的一面展現在他人面前。

隱藏自己的脆弱，隱瞞恐懼是人性

在當今社會中，多數人所接受的教育是隱藏自己脆弱的一面，似乎將脆弱的一面展現出來就是承認失敗，是在展現自己的缺點，是懦弱的表現。在人際關係中，如果雙方都能向對方展現出自己脆弱的一面，進行適當的展現自我，例如承認自己欠缺自信或感到恐懼、焦慮，那麼就能夠促進同理心的產生，讓這段關係更牢固，同時也能讓問題獲得解決。例如胡津津的婚姻其實存在很多問題，或許早在先生出軌前就有許多小問題，當時的她或許可以透過向父母、閨密傾訴來找到解方，但她選擇隱瞞，對婚姻問題三緘其口，最終只是讓矛盾越來越大……。

展現自我有兩個基本的維度，即是廣度和深度。其中廣度地展現自我比較容易，是在與他人交流時，拓展談論話題的範圍。相對地，深度地展現自我則比較困難，因為主要涉及一些消極的情緒或痛苦回憶，例如一個人過去複雜的情感經歷，或是一直深埋心底的痛苦回憶。在任何一種關係中，

帶著同理心去

　　傾聽都十分重要，人人都有被傾聽的需求，可如果你總是強調傾聽，而忽略了溝通的反面，也就是傾訴，那麼對方就會心生警惕，他會想：「我已經將自己最重要的秘密告訴你了，你卻從來不肯向我分享你的秘密。」這種單方面的傾訴不利於雙方關係的發展，對方甚至可能會遠離你，因為他在你面前是敞開心防的，而你的自我卻是隱藏起來的，這會讓他感到不安。

　　一個人在展現自我的同時，也希望對方說一些跟自己有關的真心話，畢竟傾訴是互相的。但在溝通中展現自我，需要極大的勇氣，這意味著我們可能會將全部的、真實的自我曝露在對方面前，而人家可能無法接受。如果沒有展現自我，那麼溝通就不具意義，**溝通的目的是讓彼此更加瞭解對方，讓兩人關係更加親密，否則溝通就只能是閒扯，無法拉近關係**。你如果想要使一段關係變得更加深刻、親密，想和一個普通朋友變成知心好友，那麼就應該在溝通的過程中更

　　深刻地展現自我，除了分享一些日常瑣事、個人愛好外，還應該多交流一些自己內在的想法和感受。

　　展現自我特別適用在親密關係上。心理學家發現，充分地展現自我能夠加深伴侶之間的默契和親密度。在伴侶關係中，如果另一半願意跟對方展現真實自我，向對方傾訴內心

真正的想法，那麼就會引起對方「回應式的互動」，促使對方也會產生向你傾訴內心真正想法的衝動：「因為你對我敞開心扉、沒有防備，作為回報，我也對你坦誠相待。」

此外，當我們對伴侶進行展現自我時，通常會得到對方的認真傾聽和回應，展現得越多，對方越瞭解自己，我們在感到自己被伴侶理解、接納的同時，伴侶會覺得這是你對他的依賴和信任。如果雙方能夠互相進行展現自我，那麼雙方之間的關係會越來越深刻，彼此在感到被理解的同時，更會產生信賴和忠誠。

不接受真實的自己，選擇逃避是常態

許多人都難以接受展現自我，感覺這好像是將面具卸下來，自己瞬間變得渺小脆弱，是個失敗者。這其實是缺乏安全感的表現，不肯對他人產生信任，也無法體會到信賴他人的感受，其實我們只有選擇信任他人，才能獲得真正的安全感。而且當你將心事傾訴給對方時，你反而更能得到對方的理解和認真傾聽，對方會感同身受你的焦慮不安，對你產生同理心。

心理學家認為，**良好的人際關係，是隨著展現自我的逐漸增加而發展起來的。**當我們與他人交往越頻繁，雙方的信任基礎和親密程度就會提高，而透過越來越頻繁地展現真實

共情力與同理心

自我，雙方就會從「點頭之交」變成推心置腹的好友或伴侶。如果一段關係中沒有展現自我，那麼這段關係的維持就會變得十分困難，雙方就會漸漸疏遠。

在許多瓦解的關係中，有的因為巨大的矛盾而瓦解，例如對方犯了大錯，使你深受傷害，從而結束這段關係；但也有很多關係是漸漸疏遠，雙方不常見面，沒有日常生活基礎，再加上雙方從來不進行深刻交流，從不曝露自我，不肯讓對方瞭解自己目前的感受，從而使彼此之間越來越疏遠，最終讓這段關係在疏遠中，走向結束。

展現自我的內容十分廣泛，可以是相互分享自己對音樂、美食、書籍方面的偏好，也可以是將自己內心最真摯、最深沉的希望與恐懼讓對方知道，彼此間進行心靈上的碰撞。不論是哪種類型的展現自我都有利於關係的建立和加強，並在維持關係中達到舉足輕重的作用。

心理學家根據展現自我的廣度和深度，將展現自我分為四個層次。在人際交往中，通常都是由最低階的信任和展現自我開始，而伴隨著雙方關係的進展，雙方的感情越來越親密，展現自我和信任水準會越來越高。

第一層次主要涉及興趣愛好、生活習慣等方面。

第二層次主要與態度有關，例如表達自己對某人、某機

構的態度和看法等。

第三層次涉及自我意識和個人的人際關係狀況,例如將自己與伴侶的情況告訴好友,並分享自己遇到的問題或情緒。

第四層次主要和隱私有關,例如將自己不為人知的一面告訴對方,可能是不被社會所接受的一些態度、想法和行為等。不同的關係所涉及的展現自我層次是不同的,例如我們可能只會和同事進行第一次層次的展現自我,而與伴侶進行第三層次或第四層次的曝露。一對熱戀期的情侶通常在關係建立之初,會進行大量的展現自我,可隨著關係的發展和漸漸穩定,展現自我的程度會開始減少,這是因為在一段長期關係中,雙方通常都會有意識地降低展現自我的程度。

展現自我雖然會促進彼此之間的信任和理解,但這並不意味著從一開始就要進行大量的展現自我,展現自我需要根據上述的四個層次來逐漸深入。如果你剛和一個人認識,就開始大量地曝露自我,這勢必會引發對方反感,迫使對方遠離你。

研究顯示,人們在人際交往中有展現自我的偏好,展現自我會深刻影響著人與人之間的交往。畢竟我們總希望得到別人的喜愛,所以會主動分享自己的一些小秘密。與守口如瓶相比,人們更喜歡那些會向自己曝露秘密的人,例如在一

共情力與同理心

個演講開始前，如果演講者主動向觀眾表達自己的緊張，那麼勢必會得到觀眾的認同，觀眾也會對他產生好感。**展現自我不只影響他人如何看待自己，同時也深深影響著我們將會如何看待他人。**

過度依賴知心好友，反讓對方承擔過多

在維持人際關係中，人們會下意識地喜歡那些曾對自己說出真心話或小秘密的人，同時也會下意識地對自己喜愛、信任的人展現自我。一段關係會因為雙方的展現自我而不斷加強、加深，看起來展現自我對人際交往有很大的好處。但在進行展現自我的時候，也要注意一些事項，否則展現自我反而會破壞兩人的關係。

首先請記得在任何關係中，我們都不可過早甚至過多地展現自我，而是應該循序漸進。而且當你準備將自己不為人知的那一面展現在對方面前時，請確定對方是值得信賴的人。你甚至還要學會正確表達自己的想法，而非直接將自己的秘密一股腦地說給對方聽。

其次是，當對方向你展現自我時，你應該做何反應？當對方向你袒露自己內心真實的想法和感受時，你當下若反應失當，恐怕會破壞兩人的關係，因此，學會應對他人的展現

自我，在人際交往中是極其重要的關鍵。每個人都期望自己在傾訴心事時，能得到對方的理解和認可，如果對方只是聽卻不給任何回應，我們就要有警覺心，觀察對方是否心不在焉、不在意自己。因此反過來說，我們在傾聽對方的時候，務必要將注意力都集中在對方身上，然後利用肢體語言、面部表情、簡短的回應等來表達對傾訴者展現自我的理解。

此外，展現自我還要掌握適度原則，這點與我們中國人做事講究中庸之道十分相似。所謂中庸即在於強調凡事有度，否則物極必反。**展現自我也需按照中庸原則來，過度或過少的展現自我都不合適，適度表達最洽當**。在與他人聊天的過程中，如果在沒搞清楚對方是否接受的情況下就過度展現自我，便極可能會遭到對方排斥，如果你的展現自我不符合對方的價值觀，還可能會遭到對方的鄙夷，這會給你們接下來的交往增添阻礙，或許還會導致你們永遠無法繼續深入交流，無法成為朋友。就算你的展現自我不會和對方的價值觀發生衝突，初識就滔滔不絕地聊起自己的事情，顯然也是不合時宜的。

相反，疏於展現自我也會給人一種欲言又止的感覺，對方會覺得你這個人防禦心過強、為人不夠坦蕩、喜歡遮遮掩掩，像個陰謀家一樣，無法使人感受到真誠。畢竟雙方若無真誠，自然難以建立信任。因此，我們應該學會進行適度地

共情力與同理心

展現自我，例如先透露一點隱私，像是告訴對方自己平時的興趣愛好，讓他也開始展現自我，從而瞭解雙方是否有相同的經歷、感受、價值觀、人格等。如果雙方有許多相似之處，那麼展現自我之際就能增加共鳴，你就可以進一步增加展現自我。

隨著網路的發展，人際交往不再侷限於面對面溝通，可以透過網路進行人際交往，例如網路約會。與面對面的展現自我相比，網絡上的展現自我更容易一些，因為面對面的交流涉及了許多方面，除了語言交流外，還有大量的非語言交流，而網路交流只涉及語言交流。展現自我同樣能促進網路交往的進一步發展。調查顯示，那些喜歡將自己曝露給對方，說話直率、不拐彎抹角的人，

在網路約會中將更容易成功。即使隔著電腦或手機螢幕，對方也能從你的展現自我中，感受到真誠和信任。

需要注意的是，網路具有隱蔽性，人們可以在網路上隨意地塑造自己的身份，例如名字、年齡、照片等都可以隨心所欲地更改，這意味著人們在網路交流中可以隨意撒謊，而不必擔心被拆穿，也不用擔心展現自我的後果。有關這部分，我們更需要懂得分辨。

想一下再說－拒絕迅速下評斷

畢竟每個人時刻在變化，無人能夠確定當下的一切……。

　　湯姆‧索亞（Tom Sawyer）[1]是馬克‧吐溫（Mark Twain）創作的一個兒童形象，他是個調皮的孩子，與同父異母的弟弟希德居住在密西西比河畔的一個普通小鎮裡，阿姨波莉是他們的監護人。

　　書中的湯姆是個調皮搗蛋的小孩，總是讓波莉十分頭疼卻又無可奈何，他總是能做出各種各樣的惡作劇，例如偷糖吃、在教堂裡逗狗等，湯姆還總是能想出各種辦法來躲避懲罰。在波莉心中，湯姆就是一個需要隨時管教和懲罰的調皮搗蛋鬼，而且還很幼稚。

　　但與湯姆相反，希德恰恰是個很乖巧的孩子，幾乎不給波莉阿姨惹麻煩，讓她莉十分放心。

共情力與同理心

某天晚上，波莉、湯姆和希德在一起吃飯。白天時，湯姆遇到了自己暗戀的女孩貝姬，所以他一整天的情緒都很嗨。波莉看到興奮的湯姆，一邊納悶湯姆怎麼了，一邊教訓他不要用泥塊砸希德。當時的湯姆因為第二天能見到貝姬而開心不已，不僅毫不在乎阿姨的訓斥，還當著阿姨的面偷糖吃。波莉受不了他的調皮搗蛋，於是用手指頭戳戳湯姆的額頭以示懲戒，湯姆不服氣地問：「希德拿糖吃，你怎麼不打他？」

　　波莉說：「他不像你，如果不是我看得緊，你都鑽到糖堆裡去了……」說完，波莉就轉身去廚房拿東西。

　　這時，揚揚得意的希德當著湯姆的面從糖罐裡拿糖吃，可是他手一滑，糖罐掉到地上摔碎了。本來非常難受的湯姆頓時興奮起來，他想看看阿姨懲罰希德的樣子。誰知道等波莉回來後，看到地上摔碎的糖罐，直接認定就是湯姆的錯，準備賞湯姆一耳光。

　　湯姆這下子感到很委屈：「住手啊，你憑什麼打我，是希德打碎的！」

　　波莉愣了愣後說：「你挨這一下也不委屈啊，剛才我離開的時候，誰知道你是否又做了甚麼壞事？」

　　我們和波莉一樣，很容易犯下快速決定，以及對他人過

於快速下評斷，這種錯誤往往會阻礙我們產生同理心。在人際交往中，不論你有多瞭解他，我們都不應該根據過往經驗來評判對方的行為和情緒，反而更該關注他當下的情緒和感受。

人際關係勿化繁就簡，貼標籤更是惡質

每個人都在不斷變化著，這意味著我們無法確定一個人當下的想法和感受。在人際交往中，如果我們自認為很瞭解對方，便私自給對方貼上某種性格的標籤，認為他的情緒和感受是固定不變的，那我們就無法做到理解對方，只是從自己的角度去看待和理解對方罷了。例如在波莉阿姨心中，湯姆就是一個調皮搗蛋的孩子，只有他這種到處惹禍的小孩才會做出偷糖吃並將糖罐打碎的行為，而這種認知無疑會給湯姆的心理帶來傷害。

一個人會出現某種行為或情緒，肯定是各種特定因素結合在一起所造成的。**人際交往不能化繁就簡，輕易地給對方貼上某種標籤，然後根據這個標籤來解讀對方身上的一言一行，甚至自以為很瞭解對方。**例如某個女人在上一段感情中因為缺乏安全感而與男友分手，所以當她再次因為感情不順而向閨密傾訴時，閨密就不該隨意給她貼上缺乏安全感的標籤：「我都不用問就知道妳在想什麼？我比妳還瞭解妳自己，

共情力與同理心

這次失戀又是因爲缺乏安全感⋯⋯」

　　孰不知她這次分手的原因是男方出軌，如果閨密這樣說她，拿這個缺乏安全感的標籤來解釋她身上發生的一切事情，那麼她們之間的互動，勢必無法進行下去。

　　這種匆忙對他人下判斷的認知傾向，嚴重阻礙我們進行傾聽。受到這種認知傾向的影響，我們恐將不自覺地將注意力轉移到自己理解的執念上，而非傾聽對方想說甚麼？嚴重者甚至還會不自覺地做總結，下結論。等對方傾訴完了，你就會迫不及待地想要表達出自己的理解。

　　如果你想帶著同理心去傾聽、處理人際關係，就不要匆忙做出評判，不要根據你對一個人以往的理解做總結，而是關注對方當下的感受和情緒，因爲每個人都在變化，我們無法確定對方當下的想法和感受。

---

1. 湯姆・索亞是馬克・吐溫小說《湯姆歷險記》（*The Adventures of Tom Sawyer*）的主角，也在續集《頑童歷險記》、《湯姆出國記》、《湯姆破案記》中登場。

觀成長 ┃ 共情力與同理心

作　　者	葉鴻羽
視覺設計	徐思文
主　　編	林憶純
行銷企劃	蔡雨庭

共情力與同理心 / 葉鴻羽. -- 初版. -- 臺北市：
時報文化出版企業股份有限公司, 2023.08

296 面；14.8*21 公分. -- （觀成長）

ISBN 978-626-374-037-2（平裝）

1.CST：同理心 2.CST：人際關係

176.525　　　　　　112009875

| 第五編輯部總監 | 梁芳春 |
| 董事長 | 趙政岷 |

ISBN 978-626-374-037-2
Printed in Taiwan.

| 出 版 者 | 時報文化出版企業股份有限公司 |

108019 台北市和平西路三段 240 號

發行專線—（02）2306-6842

讀者服務專線— 0800-231-705、（02）2304-7103

讀者服務傳真—（02）2304-6858

郵撥— 19344724 時報文化出版公司

信箱— 10899 臺北華江橋郵局第 99 信箱

時報悅讀網	www.readingtimes.com.tw
電子郵箱	yoho@readingtimes.com.tw
法律顧問	理律法律事務所 陳長文律師、李念祖律師
印　　刷	勁達印刷有限公司
初版一刷	2023 年 8 月 25 日
定　　價	新台幣 350 元

版權所有 翻印必究

（缺頁或破損的書，請寄回更換）

本作品中文繁體版通過成都天鳶文化傳播有限公司代理，經華夏出版社有限公司授予時報文化出版企業股份有限公司獨家發行，非經書面同意，不得以任何形式，任意重製轉載。

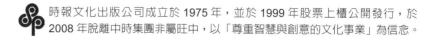
時報文化出版公司成立於 1975 年，並於 1999 年股票上櫃公開發行，於 2008 年脫離中時集團非屬旺中，以「尊重智慧與創意的文化事業」為信念。